TROUBLE
TÊTE

Trouble Tête se prolonge sur www.arenes.fr

3, rue Rollin, 75005 Paris
Tél. : 01 42 17 47 80 – Fax : 01 43 31 77 97
arenes@arenes.fr

Mathilde Monaque

TROUBLE TÊTE

Journal intime d'une dépression.

Postface de Jeanne Siaud-Facchin

les arènes

J'ai commencé ce récit un an après ma dépression, en étude, un soir. J'avais terminé mes devoirs et je disposais d'un peu de temps avant de regagner ma chambre à l'internat. Depuis quelques jours, j'avais l'idée de me remettre à écrire, comme avant cette saleté. J'ai sorti un grand cahier rouge, et j'ai commencé à me souvenir...

Ce livre n'est pas le résultat d'une écriture thérapeutique. Je ne l'ai pas écrit pour moi, mais plutôt pour que ceux qui sont touchés par la dépression voient s'allumer une lumière d'espoir : on peut vraiment s'en sortir !

J'avais aussi envie, en rédigeant ce texte, de montrer, de choquer peut-être. Décrire la dépression de l'intérieur. Les gens ont souvent besoin qu'on leur fasse regarder les choses, sinon ils ne les voient pas.

Quelques jours avant de me mettre à écrire, j'avais fait la connaissance de Jeanne Siaud-Facchin, une psychologue qui allait me « suivre » pendant environ six mois. Je lui dois beaucoup. Elle est sans doute la personne qui me connaît le mieux.

Au bout de quelque temps, je lui ai montré les premières pages du manuscrit – une quinzaine. Elle m'a encouragée à continuer. Elle mentionnait ce projet à chaque entretien et c'est ainsi qu'il prit forme au fil des semaines. Plus tard, je l'ai envoyé à une éditrice, à Paris : elle semblait très intéressée par mon récit. Assez interloquée, j'acceptai de taper l'intégralité de mon texte à l'ordinateur, le temps d'un week-end, pour le lui envoyer, avec ce mail :

Chère Madame,

Je tiens à ce que ce texte soit accessible, qu'il ne constitue pas un témoignage obscur et pesant, mais bien plutôt qu'il soit vivant.

J'ai forcément parlé de moi (j'imagine mal comment j'aurais pu faire autrement !), mais c'est d'une certaine manière pour être crédible : la dépression n'a pas surgi d'un seul coup ! Il fallait aussi qu'il y ait une histoire, autrement, quel intérêt pour la lecture ?

En fait, quand je suis sortie de l'hôpital, je ne savais pas pourquoi j'avais fait cette dépression. Mais je savais pourquoi je devais vivre, pourquoi cet état dont je venais de sortir était nocif. Je crois que c'est en cela que réside l'intérêt de mon texte : je me concentre aussi sur cette action de recherche de la vérité et du bonheur, sans m'arrêter à l'état dans lequel j'étais à mon arrivée à l'hôpital.

Je veux aussi véritablement et dans toute sa « crudité » décrire les soins dont j'ai été l'objet, c'est-à-dire ma solitude et mon incompréhension. Je veux montrer ce que c'était. Je veux mettre très haut la barre afin de faire quelque chose de beau, et surtout de juste.

À bientôt.

Mathilde

Quelques semaines plus tard, je signais un contrat d'auteur. Guidée par les conseils de mon éditrice, j'ai façonné, retouché, raccourci mon texte…

Lorsque j'ai posé le point final, nous étions déjà deux ans après ma sortie de l'hôpital C.

I.

C'est le soir. Je ne sais plus quel jour nous sommes. La semaine n'a aucune importance pour moi. Comme le reste. Je passe, toujours dans la maison. Toujours aux mêmes endroits. Je reste dans la pièce où l'on passe. Les autres passent. Et ils sont sept les autres. Je les vois, mes deux frères, mes trois sœurs, mes parents. N'allez pas croire que je les regarde, ils ne m'intéressent pas. En revanche, quand ils me parlent ou me demandent quelque chose, là ils me dérangent. Alors, c'est moi qui passe, à autre chose.

Je suis là, je me tais. Je ne pense à rien. Vide. Le téléphone sonne. Il y a Maman qui va répondre et qui va dire les larmes aux yeux à des personnes que je ne connais pas, ou qui de toute façon m'indiffèrent, que mon état empire. Il y a Papa qui va s'approcher d'elle pour la soutenir de ses bras. Il y a moi qui vais me taire. Les voir. Sans émotions. Ils n'avaient qu'à pas me faire.

J'ai à peine sursauté quand le téléphone a sonné : j'étais occupée à ne rien faire. Je ne pense même pas. Maman parle. Elle a l'air surprise. Elle est soulagée et en même temps triste. Elle reprend vie. Elle raccroche et fonce sur moi, mais je reste impassible.

« C'était le Dr C. »

J'avais compris.

« Tu vas pouvoir être hospitalisée dès ce soir ! »

Ça aussi je l'avais compris. Mais je n'avais pas voulu le comprendre. Tais-toi, petite voix, ça ne peut pas être ça : le Dr C. a dit qu'il n'y avait pas de place avant au moins deux semaines, au plus tôt fin novembre.

Maman est ravie. Elle veut que je me remue. Que je m'habille, que je fasse mon sac. Moi, je ne veux pas. Je ne veux rien. Mais j'obéis, parce que je ne veux pas résister. En plus, j'avais dit que j'étais d'accord pour aller à l'hôpital si on pouvait me guérir. C'est-à-dire m'y aider en prenant aussi ma part de travail dans cette galère. D'abord, j'ai plus de forces. JE N'AI PLUS DE FORCES.

Pas ce soir. Je ne voulais pas y aller ce soir. Je voulais avoir le temps de me préparer. Maman me presse. Ça lui fait tellement plaisir qu'il y ait une place pour moi. Elle m'aime. Moi pas. Je n'aime personne. Par commodité. C'est fatigant d'aimer. Vous vous rendez compte, si j'aimais quelqu'un, il me faudrait aimer tous les autres si je ne veux pas qu'on m'embête. Et puis surtout, rien ne m'intéresse. Ça m'est égal qu'elle m'aime ou qu'elle me haïsse. La dépression est un rempart contre la douleur.

Je ne fuis plus. Encore un non-choix. Et je fais mon sac : trois slips, des chaussettes, un pantalon, un pull et deux tee-shirts, en plus de ma trousse de toilette. C'est vite réglé. Je n'ai même pas le temps de me rendre compte.

Je suis déjà dans la voiture. La grande Espace vide me porte, seule. L'horloge affiche 19 h 30. Maman se tait et il fait nuit. C'est bientôt Noël, il doit y avoir des décorations dans la rue, mais je ne les ai pas vues. Maman ne supporte plus de se taire. Alors elle essaie de me rassurer. « Ça ira mieux, tu verras. Tout va bien se passer ! »

Moi je suis torturée. D'abord, ce qu'elle me dit me fait l'effet d'un flocon de mie de pain jeté sur du béton. Mais surtout, j'ai peur parce que je ne contrôle plus. Je n'ai plus le droit de choisir. Je dois aller à l'hôpital. Je ne veux plus. C'est plus du jeu parce que ce n'est plus un jeu. C'est la vie. Maintenant, ils ont décidé que c'était l'hôpital ou rien : l'hôpital ou la mort. En ce moment, je préfère la mort. Je ne veux pas aller à l'hôpital parce que je n'ai pas eu le temps de penser à ce qui m'attendait. Moi qui pensais souvent. Je suis nostalgique de ce temps. Mais je ne ferai rien pour le retrouver. Peut-être qu'à l'hôpital on me le rendra ?

D'un coup, on est dans l'hôpital. Cette fois, Maman ne s'est pas trompée d'entrée, pas comme quand on est allées voir le Dr C. en entretien. Le premier contact est toujours difficile, mais une fois que la machine est lancée, plus rien ne peut entraver sa course. Les choses semblent se faire d'elles-mêmes. Il n'y a que moi qui renâcle : jamais je n'ai autant ressenti la force d'inertie que lorsque la voiture m'emmenait à l'hôpital C.

2.

C'est bizarre de se retrouver dans cet endroit sinistre à une heure pareille. Je comprendrai par la suite que tout devait m'échapper dans le fonctionnement du lieu. Comme s'il fallait que tout me soit étranger ici. Il y eut des entrées et des sorties n'importe quand.

Il fait noir, il y a des lampadaires. On entre dans un ascenseur qui se trouve de plain-pied dans la cour. Il fait du bruit. Maman se tait. Elle porte mon petit sac. De toute façon, elle porte toujours tout, elle ne me laisse plus rien faire, pour ne pas me fatiguer, et moi je me bats pour « faire » quand même, pour montrer que je suis toujours aussi forte. Mais là, je suis lasse de me battre. Deuxième étage. Une porte moche. Blanche. Fermée.

Maman sonne. On attend et puis une femme de service vient ouvrir. On reste un petit moment dans une salle polyvalente (réfectoire, bibliothèque, ping-pong). Il y a une fille toute seule, assise à une table ; une vie dans ce monde gris. Elle me regarde et me sourit. Froid. Et puis tout de suite le Dr C. arrive : elle est restée dans le service pour m'accueillir. Bonsoir. Je n'ai pas d'argent, ni de portable, alors on va directement dans la chambre. Elle est blanche. Elle est noire parce que la lumière est éteinte. Il y a une fille qui dort. Deux lits. Le deuxième est pour moi.

Mme C. allume la lumière. Je suis happée par un autre monde. La même force crue et froide que dans le réfectoire. D'un coup, c'est la réalité. J'ai compris. J'ai saisi tout ce que je ne parvenais pas à attraper tout à l'heure dans l'Espace. Je sais que mon prétendu « séjour court » durera en fait un mois. Un mois, à quatorze ans, c'est long. Trente jours de vingt-quatre heures, quarante-trois mille deux cents minutes à compter, deux millions cinq cent quatre-vingt-douze secondes de goutte-à-goutte.

La fille dans le lit ronchonne. Elle n'aime pas cette lumière. Il faut qu'on la laisse. Ça la « fait chier » qu'on l'« emmerde » quand elle dort. Même si elle n'était pas endormie. Je remarque une écharpe de l'OM sur le portemanteau. Tout m'éloigne de cet endroit.

« Désolée Houda, Mathilde va partager ta chambre. Elle installe ses affaires et puis on éteint. »

Je m'exécute. Maman me retient. Elle me prend dans ses bras. Je me laisse faire. Ça lui fera mal si je refuse et puis ça mettra plus de temps. Ça risque d'énerver Houda qui est de mauvaise humeur, et puis après tout, Maman, c'est ma mère, elle me supporte, donc je peux tolérer qu'au moment de me quitter elle m'embrasse. Je sens qu'elle est en décomposition, mais malgré tout soulagée.

Elle va s'occuper des documents administratifs avec Mme C. Je vide mon sac dans l'armoire sans rien dire, pour que ça aille plus vite : surtout, je n'ai pas envie de supporter davantage le regard scrutateur de Houda. Maintenant, elle est bien réveillée. Elle est de moins mauvaise humeur.

« Tu t'appelles comment ?

– Mathilde.

– T'as quel âge ?

– Quatorze ans et demi.

– C'est quoi ce que t'as sur la tête ?

– Un casque anti poux. Mais tu risques pas d'en avoir.

(J'avais fait ça par mesure préventive vu que toute la famille en avait et que Mme C. ne tenait pas précisément à avoir des poux dans le service.)

– Pourquoi t'es là ?

Grande question. Houda s'en fout, elle n'attend pas de réponse. En fait, à l'hôpital « pourquoi t'es là ? » équivaut à « ça va ? » pour les gens normaux.

– Au fait ! Je t'interdis de regarder dans mon placard ! Et tu touches jamais à mes affaires ! »

Elle a dit ça sur un ton sans réplique. Je ne suis pas fouineuse, alors, ça m'est égal. Mais j'ai peur de cette fille. Moi, je ne lui ai jamais demandé pourquoi elle était là, sauf quand elle allait partir. Elle devait être caractérielle ou asociale, je ne sais pas.

J'allais répondre que ce n'est pas dans mes habitudes mais je laisse tomber. Je me grouille. Je mets tout en boule, j'éteins la lumière et je sors.

Mais je ne respire pas mieux. Je suis attrapée par le Dr C. qui sort du bureau des infirmières. Il est presque 20 heures et les autres ont déjà dîné. Mme C. me commande de manger quelque chose puis se tourne vers Maman qui m'adresse un pauvre sourire avant de partir. Il y a aussi un homme de service, Karim, qui prend le relais du Dr C. Il va au frigo du personnel et me propose tout ce dont les autres pensionnaires n'ont pas voulu. Il y a là du bœuf, du jambon, des pâtes, de la soupe, des légumes, autant de choses repoussantes… Je n'accepte, cédant à la pression, que la soupe. Je viens m'asseoir à une table, en face de la fille que j'ai vue en entrant.

Je n'ai pas faim, je ne veux pas manger, c'est inutile. D'abord, si je n'existe plus, ça ne changera rien. Surtout si je suis dans un hôpital, on ne verra pas la différence, là d'où je viens, on leur dira. Ils pleureront pour de vrai, souvent pour de faux : « Condoléances ! » C'est ridicule. J'en ai assez de toutes ces hypocrisies. Tout autour de moi n'est que mal. Je ne veux rien. Seulement la pureté dont parlent les jolis livres qu'on me faisait lire, avec les belles princesses blanches. Déjà, je n'ai plus de boutons. Mon teint est presque pur, pas assez. Cela fait quatre mois que je ne suis plus souillée comme les autres filles. Elles, elles sont heureuses. Elles ne se rendent pas compte. C'est pour cela qu'elles vivent. Plus tard, elles seront mamans et peut-être qu'elles auront des enfants comme moi, à qui elles n'auront pas rendu service.

La fille en face de moi s'appelle Lætitia. Elle a l'air plutôt en forme pour quelqu'un qui est à l'hôpital. Elle essaye de me parler, mais je n'ai pas envie de l'écouter. Je ne veux pas savoir.

Je regarde mon assiette de soupe. Non ! Je ne veux pas manger, plus. Laissez-moi !

La bouffe me répugne. Ça se mange. Ça se digère. Ça s'excrète. Ça ne sert à rien. Comme moi. Alors je n'en ai pas besoin. Je n'en veux pas. Pas envie, refus d'être souillée par cela. C'est avilissant. Même en me forçant c'est impossible : j'ai la nausée rien que de regarder cette vase, de sentir cette odeur qui plus tard sera putride et qui aujourd'hui me donne envie de vomir, ou de me faire vomir, si je ne suis pas trop fatiguée ou trop faible pour le faire.

Et puis j'ai peur. J'ai peur que si j'ingère quelque chose, des bosses apparaissent sur mes cuisses, que mon ventre enfle. L'obésité, c'est la mort. Je ne parle pas des malades. Mais je préférerais avoir la peste qu'être obèse. Ainsi, je commencerais déjà ma décomposition, route de l'annihilation. Disparue ! Je veux nier mon existence terrestre. Je ne plains pas les autres même s'ils souffrent eux aussi de vie, parce qu'ils sont inconscients : ils ne voient pas, ils ne savent pas, eux, que tout ne sert à rien. « Tu es poussière et tu redeviendras poussière ! »

Je suis dégoûtée par cette nourriture devant moi, sous mon nez, et qui refroidit. Froide, elle vaut mieux que chaude parce que au moins elle sent moins fort. Karim insiste pour que je mange plus. Chacun de ses mots résonne dans ma tête. Manger ! Ils n'ont tous que ce mot à leur bouche, leur bouche qui mâche les mots comme la viande. Leur bouche qui me donne envie de dégueuler quand je la regarde. Donc je ne la regarde pas. Je regarde la table, sur laquelle il y a la soupe. Et plus je la sens, plus je la vois, et moins je veux manger. J'ai envie de partir. Très loin. Ou plutôt d'être loin. Partir demande un effort.

Il ne faut pas me dire de manger, Karim, tu sais. Plus tu me le diras, plus je m'habituerai à ta voix et moins je t'entendrai. Je ne t'écoute déjà plus. Pourquoi tu me secoues ? Tu ne sais pas que je suis faible ? Les autres ont peur de me bousculer : ils ne veulent pas me faire tomber. J'ai déjà fait un gros effort en mangeant ces trois cuillerées. Depuis trois jours que je n'avale rien qu'un peu d'eau, c'est du « progrès ».

Tu regardes mes yeux baissés et tu ne comprends pas. Tu t'obstines. Tu ne comprends pas… Ni moi, ni les autres comme moi. Plus tard, tu diras qu'on a « de la chance d'être ici. C'est tranquille, pas de boulot, à manger, des lits, des tas de gens pour s'occuper de nous ! »

Karim abandonne. Il avait déjà compris, quand il m'a proposé les restes. Il range. Je peux y aller : je regagne « notre » chambre. J'ai l'âme d'une criminelle qu'on aurait forcée à commettre un meurtre. Je n'ai pas tenu bon. J'ai lâchement cédé et j'ai mangé. Je suis de plus en plus sale.

Dans la chambre, Houda fait mine de dormir. J'ai dû la saouler tout à l'heure. Je mets mon pyj' et j'éteins.

Elle allume la radio. Je n'aurais jamais pensé qu'on puisse écouter du rap aussi fort à une heure pareille. Je ne dis rien. Il est 20 h 30, je veux dormir et je hais le rap. Je déteste le RnB, mais ça passe déjà mieux.

Quand elle a l'air de bien dormir, je baisse doucement le son pour pouvoir me reposer aussi. Houda se réveille en sursaut ! Furieuse, elle me jette un regard noir.

« Touche pas à mes affaires ! » articule-t-elle.

Bien sûr, j'ai lâché prise. Je suis désemparée. Je me recouche, je ne bouge plus. Je lui demande pardon, tente de lui expliquer. Elle me coupe, tranche dans mes paroles. J'ai eu tort. C'est tout. Je n'avais pas le droit de toucher, elle m'avait prévenue. Exaspérée, elle se recouche après avoir porté le volume de la radio à son maximum. Une infirmière arrive, qui veut faire cesser le vacarme qu'on entend de leur salle. S'inquiète pour moi. Houda me regarde. Je n'ose pas dire la vérité, surtout le premier soir. Oui oui, nous nous entendons bien, j'aime la musique, ça ne me dérange pas.

Elle, ça la « berce » !

L'infirmière est partie. Elle a fermé les volets. J'ai très envie de pleurer. Je n'ose pas. Je ne veux pas que Houda se moque de moi. J'ai besoin de dormir. De me réfugier dans le néant du sommeil. Je ne rêve plus depuis longtemps. Pourtant, à un moment, je rêvais énormément, je pensais tout autant, cela n'a choqué personne. On ne va pas chez le médecin parce qu'on a de l'imagination. Sauf si ce à quoi l'on pense fait autant référence à la mort, et que flotte partout la couleur noire !

Oui, je veux me noyer dans ce noir qui abrite mes yeux quand je les ferme. Je veux me cacher la vie qui grouille autour de moi et me donne tournis, vertige, nausée.

Pourtant, je ne veux pas mourir. Quelque chose qui ne m'a jamais déçue me dit que ce n'est pas bien. Je ne dois pas me suicider. Ça ne se fait pas. Et puis c'est si vil ! Que c'est bas ! Il vaudrait mieux être assassinée, ou mieux mourir d'inanition.

Je déteste la brutalité. Non ! Je l'exècre comme cette nourriture infâme. Les gens ont trop souvent recours à la violence. Pourquoi ? Peut-être parce qu'ils veulent se sentir vivre, se prouver leur existence matérielle ? Et que, pour cela, il leur faut buter des pauvres mecs. C'est crétin : ils atterrissent après dans des prisons, comme moi. Et maintenant qu'ils sont sûrs de vivre, ça leur est interdit. Ou peut-être qu'ils sont fous. Mais dans tous les cas, ce n'est pas la prison qui les arrangera. Pareil pour moi.

Maintenant, je voudrais dormir. Mais pour une fois que j'ai un désir, il m'est interdit de l'assouvir. Ironie du sort ?

3.

Le lendemain matin, mardi, 6 heures. Une infirmière fait irruption dans la chambre. Elle dit s'appeler Catherine et me sourit. J'émerge d'un semblant de sommeil. Elle est chargée de me faire une prise de sang. Houda, qui n'aurait pas pu être de plus mauvaise humeur vu le coucher tardif, est aussi réveillée. Cependant, cet étrange arrivage la calme bizarrement et attise sa surprise : la cuvette, le matériel. Après que Catherine nous a saluées et s'est excusée, Houda la bombarde de questions sur le sens de sa visite, la raison pour laquelle elle-même n'a pas bénéficié de ces faveurs, et enfin pourquoi l'opération se déroule si tôt, ce qui la dérange grandement.

L'infirmière ne se soucie pas beaucoup de cette furie mal éveillée et répond de manière évasive, tout en imbibant le coton de désinfectant. Elle prend mon bras, désinfecte, jette le coton dans la cuvette, me pose un garrot, se saisit de la seringue et dégaine, sous le regard curieux de Houda qui ne perd aucun de ses mouvements, pour enfoncer enfin l'aiguille.

« Pompe ! » commande Catherine en indiquant ma main.

Apparemment, ça ne veut pas venir facilement, ce qui m'amuse, car je me dis que peut-être, enfin, je suis vraiment faible.

Je commence à serrer le poing et à l'ouvrir alternativement, assez rapidement d'abord, puis plus lentement.

« Plus fort ! demande Catherine.

– Je n'y arrive pas ! » dis-je en la regardant dans les yeux.

Maintenant, je n'arrive même plus à bouger ma main ! Ça fait une drôle de sensation, et un peu peur malgré tout, pendant une seconde. Mais je me dis que de toute façon, puisque je vais mourir bientôt, l'usage d'un membre ne me sera plus utile pour très longtemps. Quoi qu'il en soit, je sais bien que mon bras n'a rien à craindre, mais je me plais à imaginer ma fin prochaine ! Et puis c'est étrange de regarder sa main sans pouvoir la faire remuer : c'est comme si on regardait un vase avec insistance en se disant qu'il finira par se déplacer. C'est un peu la main d'une autre que je regarde.

L'infirmière retire le garrot. Je sens le sang affluer vers mes doigts avec un petit picotement de fourmis dans les jambes, en plus léger. Cette fois, le sang monte plus facilement dans la seringue, et les tubes sont vite remplis. Oh ! Elle n'en prend pas beaucoup, mais c'est toujours ça de perdu.

Elle range ; nous laisse. Houda pose encore deux ou trois questions inutiles puis on tente de se rendormir.

4.

À 8 heures, Catherine revient et ouvre les volets électriques. La lumière nous aveugle d'un coup : il n'est plus possible de « se reposer ». Alors, je vois derrière la fenêtre un tout petit morceau de ciel bleu. En dessous, il y a des bâtiments gris dans lesquels des souffrants doivent agoniser devant leur petit déjeuner. Tout le monde le dit si mauvais, mais sa qualité ne me dérangera jamais à l'hôpital C., pour la bonne raison que c'est le simple fait de prendre le petit déjeuner qui me répugne. Le seul vocabulaire gustatif ou de la table me donne envie de vomir. En revanche, pas les couverts. Ce métal froid comme mon regard, mon attitude, installe une sorte de connivence paradoxale entre nous, et je crois que si j'avais dû passer à l'acte, ç'aurait été avec l'un des trois.

S'il m'arrive de voir un couteau posé sur une table, toutes sortes de terreur m'envahissent. Je le vois soudain faire un bond et venir se ficher dans mon ventre, comme si ce n'était pas ma main qui le tenait. Par lui, mon ventre est lavé de l'impureté que ma bouche lui avait conférée lâchement. Mon honneur est alors sauvé.

Une fourchette se plante naturellement à la carotide où elle s'enfonce profondément. À cette pensée, j'ai du sang dans la bouche et mon regard est embué. Les larmes sont étrangement rouges. Je me sens comme une morte vivante qui voudrait se prouver son état.

Quant à la petite cuillère, je l'avale tout rond et elle me traverse la gorge, me transperçant de part en part, coupant mon souffle, la tête à l'air libre, et, tout en étant actrice, elle observe sagement ma mort.

Voilà mes pensées du matin, à l'idée du premier repas, auquel je refuse d'assister. Je reste sur mon lit pendant que Houda obéit aux injonctions sans appel des infirmières.

Houda partie, j'espère être tranquille, enfin sans musique, pour regarder les dehors tristes de l'hôpital, dont je ne vois presque rien, mon lit – ainsi en a voulu le sort – se trouvant sous la fenêtre.

Quelques instants plus tard, cependant, on vient me chercher pour m'obliger à me rendre au petit déjeuner. Discussions inutiles : on finit par m'y traîner. Très mal à l'aise, je sens, en entrant dans le réfectoire, sept paires d'yeux groupées autour de deux tables rondes se tourner vers moi et me scruter avec une certaine curiosité que la fréquence des va-et-vient ne semble pas avoir amoindrie.

Comme les autres, Houda me regarde arriver, mais c'est la première à détacher son regard de moi. Elle a sans doute annoncé ma présence aux autres. Je vois aussi Lætitia, la fille d'hier soir au réfectoire.

J'avise la dernière chaise vide. Je la tire de sous la table et m'assieds. Les autres épient mes gestes, tout en mangeant. Ils sont bougons et mal réveillés, mais j'ai étrangement sorti chacun de sa torpeur habituelle, excepté Houda qui reste imperturbable. Ma mort soudaine n'aurait eu d'autre effet que de lui procurer de la fierté : elle y aurait assisté et aurait pu s'en vanter plus tard. Je crois bien que l'épisode de la radio est encore trop frais dans son esprit pour qu'elle puisse être à peu près sociable avec moi.

Sans la gêne qui entoure d'habitude l'arrivée d'un nouveau, ceux qui sont dans le réfectoire me parlent de manière naturelle : un débarquement de ce genre est sans doute pour eux un événement banal puisque cette unité ne compte que huit adolescents pour des séjours « courts » de deux semaines environ. Lætitia essaye de m'aider à m'habituer et me met en garde contre les faux espoirs. Tous, je les écoute. Je me tais. Je n'ai pas grand-chose à dire et n'ai pas envie de raconter ma vie. D'abord, ça ne les regarde pas, ensuite je suis fatiguée. Je suis lasse parce qu'on m'a forcée à venir et préfère me recroqueviller tranquillement sur ma chaise : pour le moment, j'observe.

« Tu t'appelles comment ?

Faut-il vraiment répondre ? Ne peut-on me laisser un peu ? J'espérais qu'à l'hôpital, au moins, je pourrais végéter doucement sans gêner personne et sans qu'on me sorte toujours de ma léthargie.

– Mathilde.

– T'es là pour anorexie ?

Ils auraient voulu me faire plaisir qu'ils n'auraient pas pu mieux faire. Cependant, je ne me trouve pas suffisamment maigre et cette question me semble saugrenue.

– Non, pour dépression. »

Je lis dans leurs regards que certains attribuent mon abattement non à la tristesse et au dépaysement de l'hôpital mais à un mal-être sincère. La plupart des autres pensent déjà à autre chose, la question rituelle n'ayant la plupart du temps que bien peu de signification véritable.

On me jette encore d'autres questions que j'évite comme de la poix, puis on parle d'autre chose et je ne mange pas, dégoûtée de voir toutes ces bouches qui mastiquent ou avalent presque tout rond cette nourriture sacrilège et infâme.

5.

8 h 30. Je suis là depuis quelques minutes à peine que déjà les autres commencent à partir, vers les douches, afin de se débarrasser au plus vite de ce moment obligatoire et assez désagréable. Nous n'avons pas le loisir de nous détendre et de prendre notre temps parce que nous devons être prêts à 9 heures. Au cas où un hypothétique soignant désirerait s'entretenir avec nous… Mais cela n'est arrivé que rarement, et encore vers 10 heures. Ces attentes incertaines me rendaient folle.

Il est d'ailleurs temps que je me lève, les os sur lesquels repose mon corps commencent à me faire souffrir, vu le peu de chair qui les sépare de la chaise. Idem pour mes vertèbres, que je me garde d'appuyer contre le dossier, de peur de souffrir aussi dans le dos.

Je me souviens qu'alors, quand je passais ma main le long de ma colonne vertébrale, je pouvais sentir nettement chaque os et ses aspérités, sans pour cela avoir besoin de me voûter.

D'ailleurs, quiconque visait ma nuque pouvait observer une alternance étonnante de creux et de bosses assez intéressante sur le plan anatomique.

Je finis donc par suivre le mouvement général, prends mes vêtements, ma serviette et ma trousse de toilette, et je me poste devant la porte de la salle de douche, sentinelle indifférente qui laisserait passer tout étranger sans broncher. Je reste là debout, attendant mon tour plutôt que de retourner dans ma chambre – « notre » chambre –, préférant mille fois dépenser de l'énergie en me tenant debout près de la fenêtre ouverte, plutôt qu'avachie sur le lit.

Cette fenêtre ! Je crois qu'elle pourrait raconter bien des heures de ma vie si elle savait parler. Comme elle m'épiait, lorsque je regardais avec désœuvrement le manège quotidien des hommes de service qui poussaient dans la cour les lourds chariots de plateaux pour les malades. Parfois, je me demandais à qui ils étaient destinés, ce qu'ils pouvaient contenir, et je tentais de me souvenir des différents menus qu'on m'avait proposés la veille. Mais la plupart du temps, ces passages rituels n'étaient qu'une vague distraction dans la contemplation du vide extrême de mes pensées.

Aujourd'hui, mon premier jour d'hôpital, il se trouve que je suis sous le choc. Je ne découvre pas. Je subis. Dire que je suis indifférente à ma présence dans cet endroit serait exagéré. Je suis déboussolée. En arrivant à l'hôpital C., c'est comme si je faisais le deuil de toute vie passée, de toute activité extérieure à la fuite inexorable de la vie – je me passerais bien de celle du temps puisqu'il n'est qu'un fardeau supplémentaire. Mais là, je ne peux pas continuer à mourir tranquillement parce que je ne sais pas, je ne comprends pas ce qu'on fait de moi à l'hôpital.

Si je me suis laissée couler, c'est parce que je suis la seule à voir, à comprendre. Le reste du monde ne sait pas que rien ne rime à rien, que tout est voué à l'échec. On naît et on vit pour rien. La seule chose que l'on peut décider, c'est la mort. Elle est l'accomplissement de la vie, son paroxysme, en tout.

Et le monde est pourri. Tous n'ont que des jouissances sales. L'argent, la drogue, le sexe, la nourriture. J'ai renié tout ça. Moi, oui, moi, j'échapperai au cercle vicieux de la dépendance, de l'interdépendance entre humains. Humains, ces animaux sales qui naissent et vivent on ne sait trop pourquoi, et qui s'entre-tuent. Qui cherchent à être meilleurs les uns que les autres, ne réussissant qu'à repousser les étranges limites de leurs extravagances dangereuses. Eux qui tuent la nature belle et pure, dont ils sont si indignes. Qui agissent d'abord, pour constater ensuite les portées de leurs actes et venir soudain pleurer les uns devant les autres. Autres qui les mépriseront, les écraseront ou les incarcéreront. Et quand, dans cette horde, l'un d'entre eux vient à faire réfléchir les autres sur le sens de l'honneur, de la pureté, de la vie, ils se hâtent de le faire disparaître : ça gênerait trop que tout soit découvert, quitte, plus tard, si on démonte le mécanisme, à ressortir les idées émises par cet autre.

Vivre ne sert à rien. Mais mourir non plus. C'est pour ça que je ne me suis pas tuée, même s'il y a des couverts, même si les escaliers plongent vers le sol, même s'il y a la mer, et les voitures et les médicaments !

6.

Ça doit faire au moins dix minutes que j'attends devant la porte de la salle de douche. Je grelotte, je suis toute bleue. Mes ongles sont bleus, pas violets, bleus. Comme des ciels d'orage. Et moi, je suis toute blanche, sauf mes lèvres qui sont plutôt violettes. Face de lune. Gueule dans la lune. Non, pas gueule, je vaux moins qu'un animal, je n'ai pas leur noblesse… ni leur force. Mais c'est vrai que je suis dans la lune. Déjà dans l'espace, déjà morte. Je jette mon regard sur tout comme un esprit destiné à hanter le quotidien des autres. Déjà sur la Lune : cratères, gris, noir, vide. On dirait mes pensées. D'ailleurs, sur la Lune, il n'est point d'oxygène.

Soudain la porte de la salle de douche s'ouvre. La furie qui partage ma chambre sort. Un regard dur, pas méchant. Elle a encore les cheveux mouillés et serre contre elle sa précieuse serviette. Je la reverrai toujours, en pyjama. Elle le négociait jusque tard dans la matinée, bien que le règlement nous imposât d'être habillés et propres pour 9 heures.

J'entre dans la salle de douche. Je découvre une pièce dont les murs ne sont pas perpendiculaires. D'ailleurs, il y en a cinq. Quand on passe la porte, on est immédiatement agressé par un miroir qui s'élève du lavabo jusqu'au plafond du mur d'en face. On se croirait dans une attraction de fête foraine tant il déforme les êtres. On a peine à reconnaître son reflet, et si j'avais voulu faire peur à ma petite sœur, l'amener devant cet objet traumatisant eût été un stratagème parfait. Toujours est-il que, pour l'heure, c'est moi qui subis cette présence froide, sans pour autant me sentir mal à l'aise, en tout cas, pas plus que d'habitude.

Les murs sont subtilement recouverts de carreaux gris-vert, virant couleur poussière, qui ont la propriété de vous faire oublier que, sortie de cet enfer, il y a une vie, avec un soleil, des paysages et de la beauté. Je n'ai toujours pas compris pourquoi ces locaux sont réservés à une unité pour adolescents que l'on soigne généralement pour dépression…

Il pèse une ambiance morne et lugubre, qui peut s'apparenter à celle qu'il devait y avoir dans les salles où l'on embaumait autrefois les morts. C'est en effet ici que l'on fait la toilette de ceux qui sont de futurs macchabées. Joyeux réveil !

Je me brosse les dents. Je ne veux plus résister. Alors, je laisse mes membres me déshabiller. Comme un fantôme, j'ai pris mon gel douche posé sur le lavabo, et j'ai jeté un regard au miroir ; je n'ai pas pu m'en empêcher : il hante la pièce de sa présence.

Mais soudain, le miroir a disparu. Je me retrouve nue devant moi. Et si le miroir n'était pas gondolé, cela ne changerait rien. Je serais toujours un squelette.

Je vois une fille. Même taille que moi. La mauvaise lumière ne la met pas en valeur, mais je m'en fous. Ce que je vois, ce sont ses os. Il y a de la peau dessus, mais pas beaucoup. Je découvre mes côtes, tous les os de mon buste, de mon bassin, de mes jambes. Je me tourne. C'est impressionnant. Tous les os de ma colonne vertébrale sont là. Mais aussi mes omoplates, et les os du bassin, derrière. Je suis fascinée. Un peu effrayée, aussi, de voir ce trésor de vie autant que de mort, à portée de main, à portée de corps. Mais je suis émerveillée. Je suis inconsciente. Moi qui n'ai jamais étudié l'anatomie, je contemple ce squelette vivant en scientifique. Je bouge lentement pour juger des articulations. Je passe ma main sur mes jambes. C'est incroyable, je peux facilement faire se rejoindre les doigts des deux mains autour de mes cuisses.

Mais je me reprends. Je n'ai pas toute la matinée. D'autres attendent après moi. J'attrape le gel douche que j'avais posé, je jette un dernier coup d'œil au miroir pour me persuader que je n'ai pas rêvé et j'entre dans la douche.

La douche. Un carré de carrelage blanc incurvé avec un trou pour laisser passer l'eau. Glissant. Il y a un bouton à hauteur de taille pour activer l'arrivée d'eau. Giclent alors comme dans les douches des piscines municipales quelques malheureux jets d'eau encore froide qui attaquent le corps comme de l'acide. Je recule. Je réappuie car l'eau s'est arrêtée de couler, mais je prends cette fois-ci le soin de m'éloigner.

Au bout de plusieurs tentatives, l'eau a fini par se réchauffer. Je me lave, me sèche, me rhabille.

7.

9 h 30. Retour dans la chambre. Je range mes affaires, fais mon lit. Puis me dirige vers la salle principale. Elle est vide, comme toujours ou presque. Je demande quel médecin je verrai aujourd'hui. On me répond : personne, puisque personne n'a demandé à me voir. Je retourne dans ma chambre, brisée dans mon élan de bonne volonté pour m'en sortir. Je suis venue ici pour rien. J'aurais très bien pu continuer à rester dans ma chambre à pleurer. Ça leur aurait coûté moins cher, à mes parents. Je ne supporte pas d'être un poids.

Je m'allonge sur mon lit. Houda n'est pas là. Elle doit être dans la salle télé. Il fait froid. Mais je n'ai pas froid. Je n'ai jamais froid. Pourtant, je ne porte pas de pull, contrairement à tout le monde. Cela permet de brûler plus de calories, comme rester debout.

Et puis je pense. Je ne peux rien faire pour me sortir de mon trou. Les gens de l'hôpital ne veulent pas me voir. De toute façon personne ne veut plus me voir. C'est aussi pour ça qu'on m'a mis ici : « Prenez-la, soignez-la ou bien gardez-la. » Elle n'est pas assez bien !

Pourtant, elle essaye d'être bien, ou plutôt elle a essayé. Vous vous souvenez, quand je me suis retrouvée toute seule pendant les vacances d'été, à la suite d'une mononucléose, une maladie bête qui épuise pendant un à trois mois ? Je ne voyais personne parce que mes amies avaient déménagé et parce que la chaleur écrasante poussait chacun à s'isoler dans son coin au sein même de la maison. J'étais trop fatiguée pour quoi que ce soit d'autre que la chaise longue et chaque mouvement me pesait : j'avais les yeux qui pleuraient ! Et le temps était d'accord : il y a eu la canicule !

Si encore c'était un baiser qui m'avait donné la mononucléose ! Mais non, même pas, je n'ai personne qui pense à moi : je ne suis pas assez bien pour ça. C'est mon frère qui m'en a gratifiée, lui et son record du monde de postillons…

Ça s'est passé au début des vacances d'été, juste après le brevet des collèges. Début juillet, mon grand-père nous a emmenées, ma petite sœur Marion et moi, à sa promenade annuelle. Elle consiste généralement en une grande marche d'une semaine, loin de notre région, dans le but de faire connaître à la descendance le patrimoine français ou familial. Mon grand-père a consacré plusieurs années à l'étude de la généalogie et, au prix de longues et studieuses recherches, établi avec précision l'histoire de notre famille depuis la Révolution française.

Quand il s'agit du patrimoine familial, les promenades ont pour destination un petit tas de pierres perdu au détour d'un chemin, et qui ne semble avoir eu la force de conserver son équilibre précaire que pour notre génération. Après, la descendance aura les photos et les récits des anciens...

Marion et moi avons eu droit à la découverte de l'ancienne capitale régionale romaine de la Lozère : Javols. N'en déplaise aux fanatiques, il n'y avait pas grand-chose dans le tout petit musée. Quant à l'amphithéâtre, il fallait faire preuve de plus d'imagination que d'observation pour remarquer sa forme dans le paysage... L'endroit était tout de même joli !

Nous avons donc marché. Mon grand-père, volontaire, en tête du groupe, traçait vaillamment le chemin, tandis que Marion et moi suivions avec peine, derrière. J'étais exténuée et me forçais à mettre encore et encore un pied devant l'autre. Je saluais les pauses. Il m'arrivait de me mettre à pleurer parce que je n'en pouvais plus. Je n'aspirais qu'à retrouver mon lit... Avec Marion, nous avons réussi à convaincre mon grand-père d'alterner les jours de marche et ceux de visite. Je suis tout de même rentrée épuisée pour m'entendre dire que mon frère avait attrapé la mononucléose et que, vu mon état de fatigue avancé, ce devait probablement être aussi mon cas... Heureuse de l'apprendre à ce moment-là ! Il aurait tout de même pu se débrouiller pour être diagnostiqué avant, ça m'aurait épargné une fatigue supplémentaire !

J'ai passé le reste de mes vacances allongée. Trop fatiguée pour lire, trop fatigante pour inviter qui que ce soit... s'il y avait eu quelqu'un à inviter... Je me laissais de temps en temps glisser dans le baquet pneumatique qui faisait office de piscine. Je mangeais très peu, n'ayant pas besoin de beaucoup d'énergie pour accomplir ces activités.

À la rentrée scolaire, je n'ai pas quitté la solitude : mes amies avaient déménagé pour Paris ou la Guadeloupe. Je me retrouvai donc seule, dans cette école située de l'autre côté de notre rue, et commençai une vie de recluse, ne sortant presque jamais. J'écrivais des lettres où je disais que j'allais bien, que ma classe était sympa : où je ne disais rien. Je me mentais un peu mais je savais que je ne pouvais pas faire autrement. Ç'aurait été trop dur de décrire ma solitude. Et puis je n'aurais rien écrit : on n'a rien à dire quand on est seul. Je m'étais brouillée l'an passé avec la seule amie qui me restait. Je crois que nous étions trop proches. On nous prenait parfois pour des jumelles et il arrivait même que nous adoptions spontanément les mêmes attitudes quand nous étions ensemble. Je crois que nous avions idéalisé l'autre et, le jour où nous n'avons plus été d'accord, nous avons vu le sol s'effriter sous nos pas. Nous en avons toutes les deux beaucoup souffert et ne nous sommes pas reparlé depuis. Les « connaissances » des autres classes ne se souciaient pas de moi qui m'enlisais inexorablement. Je n'étais pas du genre à appeler au secours : les seules fois où j'avais essayé, on m'avait dit que « ça passerait ».

Soudain, un homme frappe à la porte. Il vient me proposer le menu du lendemain. Troublée dans mes pensées et peu intéressée par une nourriture que je ne mangerai pas, j'accepte mécaniquement. Il paraît que ce rituel s'accomplit tous les matins. Qu'est-ce qui n'est pas rituel, ici ? Tout a l'air d'être réglé comme du papier à musique, laissant peu de place aux libertés… Un peu plus tard, c'est Karim qui viendra passer la serpillière. Là aussi, rituel quotidien.

J'en étais où, déjà ? Ah oui, à ma rentrée. J'étais exténuée. Pendant la canicule, il avait fait si chaud que j'avais diminué mon alimentation. À la rentrée, je n'avais pas repris un rythme correspondant au travail : je m'étais fracassée contre l'école. On ne peut pas travailler sans énergie, et elle vient de la nourriture. Comme me le diront plus tard tant de médecins et de gens : une voiture sans essence ne peut pas rouler. Cette phrase avait d'ailleurs le don de m'énerver au plus haut point : on critiquait mon attitude (me dénutrir), que je voulais plus rigoureuse encore pour la rendre parfaite, mais surtout on me crachait cette phrase sempiternelle, ce qui me donnait l'impression d'être rabaissée.

Par conséquent je n'écoutais pas la suite, et je mettais encore moins en pratique ce que l'on me disait de faire. Le seul médecin que j'aie vraiment écouté a évoqué l'image d'un bateau sans carburant. De plus, il me laissait parler sans me couper et réagissait toujours à ce que je disais, contrairement à bien d'autres qui se contentaient de hocher la tête avant de passer à un autre sujet, et qui n'avaient pas de meilleur remède, excepté l'antidépresseur, que de dire : « Il faut que ça sorte, vas-y, lâche-toi. » Mais que quoi sorte, à la fin ? Je n'étais pas possédée !

J'ai essayé de recommencer à manger. Mais j'étais déréglée : je n'avais plus réellement de rythme biologique. Alors, quand je mangeais normalement, ce qui faisait beaucoup par rapport à avant, j'avais très mal au ventre et j'étais obligée de me faire vomir pour calmer mes douleurs. Une fois, Maman m'a entendue : elle m'a traînée chez un médecin, une femme, dont les seules choses que j'ai retenues sont qu'elle avait redoublé sa première année de médecine et qu'elle trouvait que j'avais beaucoup de vergetures. Elle me fit promettre de ne plus me faire vomir. Je commençais à manger encore moins, de toute façon, ce n'était pas très agréable de se faire vomir.

Il m'arrivait de plus en plus souvent de fondre en larmes en classe. J'en suis venue à passer mes journées à l'infirmerie : une infirmerie sans infirmière, avec tout plein de médicaments périmés, des tas d'étagères et de placards, des mètres et des balances qui ne servent jamais, et puis deux lits tout froids dans la pièce à côté. Je connais par cœur le poster de la Petite Sirène et celui d'Aladin qui ont veillé sur moi avec indifférence pendant de longues semaines.

Finalement, je ne suis même plus allée à l'école. Vraiment, j'avais trop travaillé à la rentrée pour compenser ma solitude :

j'étais première de la classe avec dix-huit de moyenne. En plus de ça, je me débrouillais pour accomplir toutes les tâches ménagères que je pouvais, pour soulager les autres, pour m'occuper.

Ces anciennes occupations, je les avais remplacées par une volonté d'être parfaite. Je faisais tout ce qu'on me demandait et je précédais les désirs des autres. Je sentais que ma présence était désagréable et je tentais de me faire pardonner en aidant. Si je n'étais pas si pesante, j'aurais eu des amis, non ? Je ne devais surtout pas être une charge pour qui que ce soit et il me fallait me faire oublier. Alors j'essayais d'être le mieux possible, me restreignant toujours avec la nourriture, ennemie de la pureté. Et je ne parvenais qu'à m'épuiser davantage, à faire de moins en moins le bien. Je parlais peu. Quand je livrais mes pensées, on ne me répliquait que : « Mais non, tu te trompes. » Alors je me taisais. Ils ne pouvaient pas comprendre la vérité, trop aveuglante pour eux.

Plus le temps passait, plus les regards étaient apitoyés. On me regardait comme un pauvre oiseau auquel on aurait coupé les ailes et qui se viderait de son sang, irrémédiablement : on ne peut plus rien pour lui, il ne lui reste plus qu'à mourir. Alors on le regarde avec des yeux de poisson. Sûrement parce qu'on pense que ça lui fait du bien !

J'avais envie de dire : arrêtez de me regarder comme ça ! Vous ne voyez pas que je me noie ? Pourquoi m'étudiez-vous plutôt que de jeter la bouée ?

Ou bien vous discutiez entre vous en me piquant d'un coup d'œil discret et larmoyant quand vous parliez de moi.

Ça ne m'aidait pas.

Je pensais encore : vous ne faites pas attention à moi et vous riez entre vous. Vous êtes tous si vaniteux de votre joie que je n'ai pas parce que je l'ai remplacée par la vérité. Pourquoi ne me regardez-vous jamais quand vous riez ? Vous avez peur que je gâche l'ambiance ? Vous me méprisez ? Vous m'ignorez ?

Vous savez, peut-être que si vous m'aviez regardée plus souvent en souriant (pas en éclatant de rire : je ne vous aurais pas crus et vous auriez refermé ma coquille sans même avoir vu la perle si profondément enfouie), alors peut-être que je vous aurais crus quand vous disiez que la vie est belle…

8.

Entre une infirmière, qui coupe court à mes pensées. Celle-ci s'appelle Brigitte. Elle est blonde et a l'air ennuyé pour nous qui sommes hospitalisés. « Tu as pris ta douche ? » Elle vient me démêler les cheveux pour vérifier que je n'ai plus de poux. Elle regarde bien, conclut que le traitement a marché. J'ai seulement quelques pellicules : la fatigue, sans doute. Heureusement que j'ai les cheveux courts, c'est plus facile avec les poux. Mes longues mèches ont été tranchées il y a six jours. Elles ne m'allaient plus. Je suis encore plus laide maintenant…

« Où sont les autres ?

– Ils sont partis se promener sur les plages. Tous les mardis matin, il y a promenade, pour vous permettre de sortir un peu.

– Mais pourquoi ne me l'a-t-on pas proposé ?

– Parce que tu étais dans ta chambre. Et puis tu es trop faible. Tu n'as rien mangé : on ne voudrait pas que tu tombes en hypoglycémie. »

Elle part chercher un papier qu'elle me donne. C'est le règlement intérieur de l'hôpital. Avec tous les horaires. Horaires et interdictions. Je ne dois pas téléphoner et je ne peux pas recevoir de coups de téléphone ni de lettres avant 48 heures. Ça, ça m'est égal, je n'ai pas vraiment envie de parler. J'ai trop essayé, sans résultat.

Brigitte sort, laissant une grosse poignée de cheveux morts de faim sur ma brosse…

Et vous souvenez-vous de mes vacances de la Toussaint ? Je n'étais déjà plus à l'école depuis une ou deux semaines. J'avais passé mes vacances de février à rédiger avec un ami un mémoire de 250 pages sur le thème « Les jeunes dans la Résistance » pour un concours. Nous devions gagner un voyage de trois jours avec le conseil général. Pendant les vacances de la Toussaint, je suis donc partie en car en Alsace, à la découverte du camp de concentration nazi Natzweiler-Struthof. Cette année-là, il neigeait. Après un été si chaud, nous ne nous attendions pas à des températures si basses. Nous n'avions emporté que des affaires légères. Nous avons visité le camp, ses salles de torture, de dissection et la chambre à gaz sous leur couche de glace transperçante. Sinistre. La neige qui ne cessait de tomber nous empêchait de voir à plus de trois mètres devant nous et nous ne faisions que deviner les baraques. Nous étions tellement gelés que notre « minute de silence » n'a pas duré plus de trente secondes.

C'est presque avec soulagement que nous nous sommes dirigés vers l'horreur toute crue qu'offrait le musée. Perdus dans cet univers de terreur, loin des habitations situées dans la vallée, nous nous sentions un peu prisonniers de ce camp étrange au milieu des arbres et du blanc impénétrables. C'est avec soulagement que nous sommes remontés dans le car, chauffé. Et puis cette pension, dans laquelle nous avons dormi, la revoyez-vous ? On nous a offert de la bonne nourriture de montagne qui répare du froid extérieur. Tout le monde semblait se régaler. Pas moi…

À mon retour, Maman devait partir en pèlerinage à Medjugorje, un village bosniaque où la Vierge Marie apparaît depuis plus de vingt ans. Mon frère Maxime n'était alors pas très en forme et Maman voulait le confier à Marie. Quand je suis rentrée du Struthof, elle a su tout de suite que je ne retournerais pas à l'école à la rentrée. Elle m'a attrapée par la peau du cou et m'a emmenée avec eux. Je me suis retrouvée embarquée dans une étrange aventure. J'aurai quasiment passé toutes mes vacances en car puisqu'il faut une trentaine d'heures de route pour atteindre le village, perdu dans la montagne. Je regardais les arbres défiler derrière la vitre. Ils me rappelaient ceux de la Forêt-Noire que je venais de quitter. Je regardais Maman qui mangeait des bonbons avec mon frère et une amie. On nous a chanté des cantiques : un car de vieux qui chantaient faux. Tant de piété ne m'émouvait même pas. À force de me faire prier par mes voisines, j'ai même fini par prendre le micro et le relais du pauvre responsable qui, parmi tous ces grands-parents, était celui qui battait les records de fausses notes…

À Medjugorje, mon instinct me poussa à me réfugier dans la salle de bains pour prendre une douche chaude et réparatrice. Dès que mes cheveux furent bien mouillés, la température de l'eau se calqua sur celle de l'extérieur et je finis de me rincer avec des pleurs et des claquements de dents… Je suis rentrée plus affaiblie qu'avant de partir.

Maman a pris rendez-vous avec le Dr C. Il a fallu lui raconter ma vie, mon état. « Tu sais comment ça s'appelle ce que tu es en train de faire ? » Bien sûr je m'en doutais. Mais j'avais peur de me retrouver d'un coup toute seule devant ma vérité, parce qu'elle supposait l'hôpital. « Une dépression. »

Mme C. m'a ensuite demandé mon poids, ma taille. Elle a fait un rapide calcul pendant lequel je regardais sur les murs des photos d'Anne Geddes, des paysages étranges du genre *La Terre vue du ciel.* Ça me répugnait toute cette douceur, trop mièvre par rapport à son regard froid. « Ton indice de masse corporelle est 13. À partir de 17 et en dessous, on hospitalise. »

Alors c'était vrai. J'avais réussi à être maigre. Au moins un peu. Peut-être qu'on allait me perfuser. Je voulais aller jusqu'au bout avant de mourir. Le seul problème, c'est que si on me perfusait, cela voudrait dire que je reprendrais du poids. Et cela je ne le voulais pas. Il fallait que lentement je perde toute ma chair pour ensuite mourir. Je n'avais pas envie de me retrouver dans l'hôpital du jour au lendemain. Il fallait que j'y réfléchisse, que je contrôle tout.

Le Dr C. était une petite femme, très blanche de peau, avec de grands yeux noisette et des cheveux blond clair tout bouclés. Elle avait une jolie petite voix aiguë qui ne laissait sortir que des messages démoralisants ; ses yeux inquiets et écarquillés étaient aussi redoutables que l'absence de son sourire. Tout en elle respirait la froideur. Il se dégageait d'elle un malaise et une distance vis-à-vis de nous, pauvres malades, comme si sa beauté et sa fraîcheur trop pâle la plaçaient sur un piédestal hautain et inaccessible. Au fond, nous n'étions que des patients, et Mme C. ne tenait pas à se mouiller les doigts ou à compatir. Elle ne nous comprenait pas. C'était une bonne scientifique, puriste, qui avait bien appris ses cours : elle faisait son métier. Karim l'admirait et disait souvent d'elle et de l'autre médecin qui s'occupait de ce service qu'elles étaient vraiment compétentes. Mais moi, je n'ai jamais vu sortir de l'hôpital qu'une fille qui fût en bon état et un garçon qui, en entrant, était déjà bien portant, même si « on ne laisse pas sortir parce que vous êtes guéris mais parce que vous êtes sur la bonne voie. » En revanche, j'ai vu une fille, Fleur, qui avait déjà séjourné ici et qui s'y retrouvait à nouveau.

Mme C. porta sur moi ses grands yeux vides. À partir de ce moment-là, je décidai qu'elle s'appellerait pour moi Mme Crapaud. Ouvrant à peine la bouche, comme à son habitude, Mme Crapaud me dit qu'elle ne pourrait pas m'accueillir avant deux semaines, au moins, parce qu'elle n'avait plus de place. Mais de toute façon, il fallait que je sois hospitalisée car il y avait « urgence ».

L'idée que j'aurais le temps de me préparer me fit très plaisir, ce vendredi-là, mais ce que je ne savais pas, c'est que le lundi suivant à la même heure, le téléphone annoncerait que j'étais attendue à l'hôpital, un lit s'étant libéré « miraculeusement ».

9.

11 heures. Je suis abandonnée. Toute seule dans cette chambre vide et blanche. Il y a des inscriptions sur les murs. Je ne les ai pas retenues. Je m'en fous. Le temps ne veut pas s'écouler. C'est long, une minute. Je n'ai rien à faire. J'ai décidé de tout laisser tomber, de la même manière que l'on m'a lâchée. L'école, les activités, tout. Il paraît que c'est bien, que cela va me permettre de mieux réfléchir aux causes de ma dépression. Comme si je ne l'avais pas déjà fait ! Ça ne m'apporte rien. Tout fuit, je n'arrive pas à ancrer les choses en moi, les pensées vont, fluides et incisives, se porter sur tout autour de moi. Mais cela ne m'arrange pas. Mon univers est peuplé de vide, de gris. Neutre, froid. Je suis amorphe et ne réagis que par bribes de pensées, toujours agressives et désillusionnées. Ça ne m'aide pas. J'en ai assez de ces interminables intro et extraspections. Je broie du vide.

Je perds tout ce que j'ai. Toute mon essence. Mais qui s'en soucie ? Les médecins, c'est leur boulot : ils sont payés pour s'occuper de moi. D'ailleurs, ils s'en fichent, de moi. Ça les gênera si je ne sors pas guérie, pour leur prestige. Mais ne répètent-ils pas tous que c'est moi qui dois me guérir ? Il y a eu un malentendu quelque part : je croyais qu'à l'hôpital on m'aiderait à réfléchir, pas qu'on me délaisserait dans une grande chambre vide toute la journée.

10.

Midi. Les autres sont de retour, avec tout ce qu'ils comptent de caractériels : hyperactifs, dépressifs, obèses obsédés par la bouffe, par les problèmes familiaux…

En les entendant arriver, je me décide à aller au réfectoire, inutile d'attendre qu'on vienne me chercher pour le déjeuner. Je me sens à nouveau perdue au milieu d'eux. J'ai l'impression de n'être bien nulle part…

Karim apporte le chariot avec les plateaux-repas. C'est une espèce de grosse boîte couleur vieille tomate et ivoire, qui semble être scotchée au sol par son poids. Il s'en dégage une odeur indescriptible, mélange d'entrées et desserts glacials et de plats sans saveur brûlants. Tout cela mijote dans des barquettes en plastique mou gonflées par la chaleur, ce qui a pour effet de dissoudre les aliments contenus. Chacun prend le sien. Tiens ! Le mien est resté au nom de la personne qui occupait mon lit avant mon arrivée. C'est dire mon importance ! De toute façon je n'ai pas faim.

On s'installe à table. Il y a le rituel des débuts de repas : tout le monde se plaint de ne pas avoir eu ce qu'il voulait, et pose successivement au milieu de la table ce qui ne lui convient pas, afin que les autres le prennent, ou que Karim le rembarque. Bien sûr, les voisins ont un meilleur menu : on le choisira demain. En attendant, on échange. Il y a Fabien, aussi large que haut, qui se précipite sauvagement sur les premiers plats délaissés, les remplaçant par son régime hypocalorique, ce qui ne va pas sans faire des histoires avec Karim. Ils sont tristes, ces repas : il n'y a pas vraiment de relations entre nous. Nous ne nous connaissons pas bien, et nous ne tenons pas à faire connaissance à table, lieu si désagréable autant pour ceux qui mangent cette mauvaise nourriture que pour ceux qui refusent de manger. Et puis il y a le regard insistant de Karim, quand ce n'est pas celui des infirmières…

Après s'être ainsi plaint et disputé, chacun commence à manger. Pas moi. Le personnel se met en tête de me harceler : il va falloir que je mange. FALLOIR, FALLOIR, FALLOIR : un verbe que j'ai trop entendu ! Je ne supporte plus la contrainte ! J'en ai assez. Je ne mangerai pas. J'ai déjà trop mangé ces derniers temps. Tellement que j'ai la nausée à force de regarder tout ça.

Lætitia conseille le poisson. Selon elle, c'est un des rares plats qui soient à peu près mangeables. Elle finit toutes ses barquettes avec la sauvagerie de quelqu'un qui sait que sa vie en dépend. Elle se montre assez joyeuse, malgré les remarques blessantes que Kevin ne manque pas de distribuer à chacun des convives. Zoé se tait. Elle mange son repas sans rien dire. Elle me fait penser à un gros nounours, prêt à éclater de rire, et pourtant elle a un air tout contrit, on dirait qu'elle est dans un trou, perdue, et qu'elle s'y est résignée... Houda ne s'occupe de personne. Elle est en permanence sur la défensive, elle observe. Claire cherche un appui. Elle est arrivée le même jour que moi, dans la journée. Elle est complètement déboussolée. Quant à Fabien, il semble vouloir battre des records de vitesse en matière d'engloutissement des aliments par l'être humain. De quoi dégoûter même quelqu'un qui aurait de l'appétit...

J'entends les autres parler. Je les observe et les écoute avec toute la froideur dont ne se sépare jamais un scientifique face à un gros problème. Ils parlent de poids. C'est le sujet qu'a lancé mon arrivée. Charlotte devrait se mettre au régime, elle se trouve trop grosse. Mais chaque fois, elle repousse le début de la restriction : elle n'arrive pas à s'y résoudre. Ça l'énerve et elle n'arrête pas de prendre du poids parce qu'elle mange quand elle est mal à l'aise. Moi, je ne la trouve pas si grosse que ça.

À mes yeux, je suis le seul problème sur Terre puisque tous les autres arrivent à vivre. Moi aussi je voudrais être guérie. Mais ce sont les autres qui doivent me guérir. Moi, je ne peux plus me battre. Je ne parviens pas à chasser l'impression angoissante que je suis spectatrice de ma vie. Les autres décident pour moi. Ça me donne le tournis : c'est comme si j'étais prisonnière d'un corps hideux, qui n'est même pas son propre maître, mais l'esclave de la volonté des autres. Ce sentiment s'est accru depuis mon arrivée à l'hôpital. Ici, je ne contrôle vraiment plus rien. D'ailleurs, on ne m'a pas proposé de venir me promener, on ne me l'a tout simplement pas dit. Je ne compte pour rien. Je n'ai aucun prix, aucun poids.

Le seul poids que j'aie est celui de la souffrance que j'inflige aux autres, et c'est pour ça qu'on m'a casée ici. Maintenant, il faut que le personnel soignant « me sauve », pour qu'on rende en bon état à mes parents le petit paquet qu'ils avaient déposé au service réparation. Sinon, Paquet ira en séjour long dans un autre hôpital psychiatrique.

Fin du repas. On empile les plateaux, range les couverts et chacun regagne sa chambre. Je n'ai pas envie de suivre le mouvement. Retourner dans la chambre signifie subir à nouveau la musique de Houda et la musique, j'en ai assez entendu cette nuit. Je préfère rester ici. Malheureusement, le corps médical s'oppose à ce que je ne suive pas le même chemin que les autres. S'apercevant de ma présence solitaire dans le réfectoire, toute une foule de bonimenteurs vient me voir, corps infirmier désireux de diriger un troupeau homogène, d'autant plus que je suis « fragile », et cætera.

II.

14 heures. Toujours mardi. C'est interminable une journée. Surtout quand on la passe seule à imaginer du gris. J'ai beau regarder dehors, je ne vois même pas un nuage légèrement plus éclairé qui indiquerait l'emplacement du soleil. Je ne sais pas quand il daignera enfin se coucher. Vite ! Vite ! Cache-toi vite soleil, pour que je puisse enfin fuir cette vie sans raison dans le néant du sommeil, moi qui ne rêve plus. Le sommeil, cette vie désertée par les enchantements et les joies, faute d'en avoir trop peu dans la réalité !

« Espérer », voilà bien un mot auquel on a oublié d'accrocher un sens. Que faut-il espérer quand on espère ? Je voudrais bien espérer, mais je ne peux pas. C'est plus fort que moi. Je n'y parviens pas. Je sais simplement que seule c'est impossible. J'ai besoin d'aide. Mais pas de médecin, j'en ai trop vu : ils ne m'aident pas, ils m'examinent. Moi, j'ai besoin d'un chercheur, de quelqu'un qui trouve une piste qui me mènerait à la vie. Parce qu'on ne peut pas dire, à l'heure présente, que je sois vivante. Entre mes pensées d'outre-tombe et mon apparence de squelette, je fais peur aux gens qui me voient. Ils m'évitent, soit par un sourire gêné, soit par un regard traumatisé, avant de passer leur chemin.

Quant à demander de l'aide aux gens que je connais, c'est peine perdue : ils ne pourront pas m'en donner. Ils ne me comprennent pas, ils n'ont même pas vu mon mal-être, le malaise de mon rapport à la vie. Se sont-ils déjà rendu compte de mon existence ? De toute façon, ils n'auraient pas le temps de m'aider : eux aussi ont des problèmes et des choses à faire… Moi, je ne voudrais pas les déranger. J'ai déjà dérangé suffisamment de gens. J'ai l'impression de voler ma place, ici, à l'hôpital : il y a tellement d'autres cas qui attendent pour être internés. D'un autre côté, j'épargne à ma famille la souffrance de me voir dépérir, et puis ils n'ont pas à s'occuper de moi, puisque je suis ici, où il n'y a rien d'autre à faire que pleurer.

Je vais demander à un prêtre de venir me voir. Lui me dira quoi faire. Il va falloir que je me renseigne. Mais pour le moment, je n'ai pas le droit d'avoir des visites : les 48 heures ne sont pas encore passées.

12.

16 h 30 : c'est l'heure du goûter. Tout le monde se précipite dans le réfectoire et prend possession d'un siège autour d'une des deux tables rondes. Je me traîne là-bas sans résistance et sans un mot, je m'assieds. Accepte de recevoir mon goûter, pour le donner discrètement à Fabien qui m'en doit une reconnaissance éternelle. Le chocolat chaud arrive, préparé par Karim avec la machine à lait en poudre. Les madeleines sont vite englouties, les jus de fruits et le chocolat itou. Les oisillons réclament encore de la nourriture : il fait si froid dans le service qu'il leur faut des forces !

Discussions avec les infirmiers : peut-on leur donner encore à manger ? Pression des oisillons qui finissent par obtenir gain de cause. Puis ils parlent un peu, se racontent, ils espèrent sortir vite ! j'écoute. Aujourd'hui, c'est surtout Lætitia qui parle. Elle sait qu'elle va sortir vite. Elle raconte son foyer. Ça me fait bizarre d'entendre parler de « foyer » comme je parlerais de la « maison ». Je me sens très différente des autres, que je ne choque pas du tout. Je prends conscience de la chance que j'ai d'être née dans une famille unie… Le frère de Fabien est atteint d'une maladie grave, la mère de Claire ne s'est pas beaucoup occupée d'elle, les autres sont en foyer… Je suis un peu perdue parmi eux, même s'ils parlent devant moi sans pudeur, sans m'exclure…

13.

Retour dans ma chambre. En consultant le règlement, je constate que, demain, je devrai subir une « activité thérapeutique ». Cela ne m'enchante pas. Pourtant, j'ai hâte de savoir ce que cela peut bien signifier. Et puis quand j'y serai, un jour et demi de ma vie sera déjà passé.

Je reste encore à ne rien faire. Il n'y a rien à faire. Et la petite voix retrouve toute sa place pour se faire entendre dans ce vide. Je suis aspirée par le gouffre de mes pensées. Je tourne et retourne ma vie, mon malheur, mon abandon. Je ne peux pas m'en extirper. Je reviens toujours à moi. La seule chose que je sais, c'est que je suis impure. Indigne de vivre comme les autres. Mais ils ne se rendent compte ni de mon impureté, ni de la leur. Eux, ils sont innocents. Moi, je suis trop lucide, et je ne suis pas gentille. Je fais même le malheur des autres : mes parents sont anéantis par ma tristesse, et les autres compatissent. Je suis un poids pour eux. Je suis abjecte.

Je pleure. Je me déteste. Je déteste ce corps que je ne parviens pas à maîtriser. Je flotte dans mes vêtements. Je n'ai rien de joli. Accoutrée de la sorte, je ressemble à une clocharde. Où est la beauté diaphane à laquelle j'aspire ? J'ai seulement les grands cernes glauques qui creusent le contour de mes yeux fatigués, les angles trop saillants de mes pommettes et de ma mâchoire. Je n'aime pas non plus ma nouvelle coupe de cheveux. Avant, ils m'arrivaient jusqu'au bas du dos. Aujourd'hui, seulement aux épaules, et ça ne me va pas. Je ne m'aimais pas non plus avant. Alors j'ai voulu changer. Paraît que les cheveux pompent de l'énergie. Paraît que le carré m'irait bien. Alors j'ai sacrifié cette richesse avec humeur. J'étais encore plus laide après. Mais c'est trop tard. Il faudra attendre longtemps avant que ça repousse !

D'ici là, je compte bien n'être plus ici. La meilleure mort serait par évaporation. Si cela existait. Je serais une sorte d'esprit, totalement détaché de son corps dont les atomes n'existeraient plus : envolés, dispersés aux quatre vents ! Libre ! J'observerais tout. Personne ne me verrait ni ne me retiendrait. Je me nourrirais d'images et de beauté, d'écumes et de tempêtes, de bourrasques et de vents légers. J'écouterais les sons de la nature et des oiseaux, je me noierais dans l'horizon, butinerais avec les insectes, je me griserais dans cette danse, je découvrirais sans cesse des beautés nouvelles…

Mais je verrais vite l'absurdité de mes illusions. J'entendrais les voitures, les usines et les bombes, respirerais le monoxyde de carbone et les insecticides, boirais les HLM, les bidonvilles ou le goudron, asphyxiée par les épidémies, les dictatures et ceux qui ne pensent qu'à faire du blé.

Sanglots.

Je me regarde. On revient toujours à soi quand on est triste. Je trouve mes jambes grosses. Je n'ai pas encore suffisamment maigri pour bénéficier déjà d'une totale liberté de mouvement, impossible avec trop de chair. Je mouline l'air avec mes jambes : je jouis déjà de leur souplesse et de leur fluidité dans l'air. Mais qu'elles sont lourdes ! Épuisée, je les laisse retomber mollement sur le matelas. Je recommence : ça me fait perdre des calories, puisque ça me fatigue.

J'aspire à être vaporeuse comme une étoffe légère dans le vent : je dois me débarrasser du matériel, de la chair. Je bats l'air de mes jambes, j'adopte un mouvement régulier de gymnastique. En même temps, je sais que si j'arrive à cet idéal de dénuement physique, je n'aurai plus de force pour être heureuse et vivre, puisque je n'aurai presque plus de chair. Et je ne peux vivre que pure et idéale. Mais si je suis idéale, même mourante pour être allée jusqu'au bout de mes rêves, ne fera-t-on pas davantage attention à moi ? Ne m'admirera-t-on pas pour le courage que j'aurai eu de renoncer à tout pour accomplir mes aspirations si exigeantes ? Et surtout ne m'aimera-t-on pas pour ma perfection ? Peut-être, si je suis idéale, déjà à demi évaporée ?

En fait, j'attends qu'on me remarque, pas qu'on me soigne. Qu'on me prenne pour ce que je suis, pas pour ce que les autres voudraient que je sois. Le diktat du regard des autres, je l'ai trop porté. Maintenant, je ploie sous le mien. Mais au fond, je suis libre, puisque c'est moi qui me le suis imposé. La douleur en devient presque un plaisir.

Croyez-vous que j'aie envie de vous suivre quand vous me dites : « Que tu es maigre ! Tu devrais manger ! Tu serais beaucoup plus jolie ! » Votre regard apitoyé, vos paroles lourdes, vos efforts pour ne pas me blesser...

Jamais de spontanéité ! Jamais de transparence ! Ne pourriez-vous pas me dire plus simplement que je suis belle ? Pas avec un air de pour-te-faire-plaisir-c'est-pour-ton-bien ? Ou si vous ne le pensez pas, détournez votre regard ? Ne cherchez pas à graver en vous cette image de morte vivante : je ne fais pas déjà partie d'un musée. Et surtout n'écoutez personne !

Quand vous m'attaquez en me lançant de bonnes paroles « raisonnables », vous colmatez de l'extérieur mes oreilles déjà bouchées de l'intérieur.

Sanglots.

Mes jambes retombent brusquement sur le lit. Je me retourne et attrape mon traversin dans un geste désespéré et, honteuse de ne pas avoir suffisamment de force pour supporter le monde, je plaque ma tête dans cette horrible masse molle, à m'en étouffer. Mes traits sont tout contractés dans ce coussin et j'ai bloqué ma respiration dans une rage épuisée et intense. Je relâche tout, éclate en pleurs et reprends dans mes bras ce gros boudin comme on fait d'une poupée, pour se protéger. Je pose ma tête dessus.

Des larmes roulent sur mon visage, doucement. Je me calme. J'accepte d'être seule.

14.

18 h15. Dîner. Même cirque. Je n'avale rien.

J'ai l'impression de sortir d'une grosse beuverie, alors comment pourrais-je avaler quoi que ce soit ? J'ai presque envie de vomir à sentir cette odeur de perdition.

Les autres me jettent un coup d'œil de temps en temps. Soudain, Claire me parle : « Il faut que tu manges, tu sais ! » dit-elle gentiment. Je fais non de la tête en émettant un son presque inaudible. Merci, c'est sympa de faire attention à moi ! Enfin quelqu'un qui n'est ni médecin, ni parent, ni adulte, qui veut que j'aille bien. Et qui n'insiste pas quand je dis non.

En sortant de table, je file me coucher. Cette fois-ci, les infirmières ont demandé à Houda de ne pas mettre la musique parce que je n'avais pas dormi la veille.

Je m'endors comme une masse.

15.

Mercredi matin, 8 heures. Lever du rideau électrique, puis de moi, réveillée par la lumière grise qui a soudain fait irruption dans la chambre, et par le « bonjour ! » retentissant de Karim.

Je sais qu'on m'obligera à aller au petit déj', alors j'y vais de moi-même. Toujours pour éviter les problèmes. J'ai tout de même mieux dormi qu'hier.

Surprise dans la salle polyvalente : un étrange rituel est en cours. Je m'approche. Une pesée ! Et il y en aura tous les jours !

Je ne veux pas. Je ne veux pas – je ne veux pas – je ne veux pas ! me dis-je en serrant les dents. Je ne veux pas que les autres voient. Je ne veux pas qu'on m'embête.

Claire descend de la balance. Elle se trouve grosse et décide de se mettre au régime. Je monte, un peu curieuse de connaître mon poids quand même.

40,8 kilos. Les infirmières ne sont pas contentes. « Ce n'est pas beaucoup ! » Évidemment : « Il va falloir manger ! » Moi je suis plutôt fière, parce que depuis vendredi j'ai un peu perdu. Mais je suis encore loin du compte !

Les infirmières me demandent des explications – comme si elles ne savaient pas pourquoi je suis « maigre » ! Entrant dans leur jeu, je réponds innocemment que je ne me doutais que j'étais aussi légère et qu'il y a cinq jours je pesais 43. Ça n'a l'air ni de leur faire plaisir, ni de les convaincre !

Je trouve cette petite discussion inutile. Je ne réagis plus quand elles me font des reproches. Ça marche. Elles se taisent enfin. J'attends la pesée des autres ados, et direction le petit déj'.

Les autres sont interloqués. Tu ne pèses que 40 kilos, pensent-ils en me toisant pour comparer physique et poids. Puis les discussions reprennent comme chaque fois. Je commence à avoir l'habitude. « J'en ai marre de l'hôpital. » « Je voudrais être sorti(e). » « Je veux ravoir du chocolat. » « Pourquoi toi t'as des céréales et moi du pain dégueulasse ? » « C'est vraiment pourri ce qu'on mange. Vous venez d'où ? »

16.

9 h 30. Houda fait irruption dans la chambre et semble énervée de m'y trouver, comme si je prenais toute la place. Ça me gêne d'être encore un poids, pour elle cette fois, mais je sens un peu de révolte en moi, comme si son attitude ne convenait pas, presque comme si j'avais le droit d'avoir des droits, d'exister. Mais non ! Je n'ai que des devoirs ! Je ne suis que bousculée parce qu'elle non plus ne colle pas à mes idéaux.

Elle remet la musique. Une infirmière vient lui faire baisser le son. Elle nous demande si nous nous entendons. Je me résigne à dire « oui », pour ne pas faire de scandale. Houda ne l'entend pas ainsi ! Elle en a assez de me supporter. Elle se plaint du fait que je n'aime pas sa musique, que je squatte tout le temps la chambre, que je dorme tôt. Elle est énervée, dénonce mon manque de franchise, dit que j'ai touché à ses affaires. J'éclate en sanglots. On m'extorque la vilaine information que je ne voulais pas donner : la musique de Houda me gêne, je la hais. Je m'énerve, je pleure, honteuse d'avoir avoué, honteuse d'avoir fait des vagues, de m'être donnée en spectacle. Moi non plus je n'arrive pas à m'habituer à elle, moi non plus je ne peux pas continuer comme ça ! Houda me regarde pleurer. Elle n'a pas de pitié pour ce morceau de neige qui fond sous ses yeux. Elle semble satisfaite.

L'infirmière en parle avec les autres. Il est décidé que j'occuperai la chambre située tout au bout du service, juste avant les toilettes et les douches. Je serai seule, puisque Lætitia, qui l'occupait jusqu'à présent, doit quitter l'hôpital dans la journée.

Je vide le contenu de mon placard sur mon lit que l'on pousse ensuite jusqu'à ma nouvelle chambre. Je les laisse me voler l'effort physique qui m'aurait permis de perdre encore quelques calories. Je me suis épuisée à m'énerver, et le manque de sommeil n'a pas aidé.

17.

En fait, je n'ai jamais été forte. Je crois que j'ai toujours été lâche. Je ne me suis jamais battue pour rien. C'est parce que j'avais des facilités que j'ai réussi, à l'école et dans les activités que j'entreprenais. Si je n'en avais pas eu, j'aurais peut-être été obligée de batailler, ça m'aurait permis d'être plus forte. Maintenant, je lâche tous les jours un peu plus prise, lasse de fournir des efforts qui ne mènent à rien.

Vous croyez peut-être que c'est un avantage dans la vie d'avoir des facilités ? Je peux vous certifier que non. Surtout quand ces facilités s'appellent « précocité ». Idée géniale si vous manquez de soucis : faites-vous « précoce », ou surdoué si vous préférez, bien que je déteste ce mot ! Tout a commencé quand j'étais en 6e. Ou plutôt quand j'ai été conçue : on ne devient pas « précoce » du jour au lendemain, c'est comme une maladie génétique, on naît avec et ça vous colle à la peau toute la vie. Rassurez-vous, je ne compte pas raconter ma vie dès son commencement comme dans la tradition chinoise. D'abord, je ne m'en souviens pas, ensuite, tout n'est pas si intéressant...

En 6e donc, j'étais, comme d'habitude et pour ne pas changer, première de ma classe. Et sachez que ce n'est pas rigolo ! J'ai eu tout le primaire pour tenter de m'y habituer. Être la « chouchoute de la maîtresse », avoir le « privilège » de lui tenir la main dans le rang quand tous les autres ne la donnent qu'à un camarade de classe, aller montrer mes cahiers parfaitement calligraphiés pour être applaudie sur demande de la maîtresse par des élèves qui n'en ont aucune envie et se fichent éperdument de la beauté de mon écriture, et être détestée par tous les autres pour toutes ces « faveurs » que j'aurais bien aimé céder ! Oui, je travaillais bien. Mais je n'ai jamais demandé tout ça.

Alors, j'en ai eu assez. Ce n'est pas marrant d'aller à l'école pour deviner ce que va dire le prof, avant qu'il ouvre la bouche. Je décidai d'agir : je demandai un saut de classe. Oui, moi, toute seule. « Comment ? Un saut de classe ? Et sauter au collège en plus ! Mais tu vas être perdue ! Tu n'arriveras jamais à rattraper ! Tu n'auras plus tes amis ! » Mais c'était trop horrible de s'ennuyer en classe. Je devenais folle. Je préférais tenter quelque chose plutôt que de faire du surplace. Et ce n'étaient pas des parents élitistes qui me poussaient à le demander. C'est vraiment moi qui ai pris cette décision. De toute façon, je n'avais pas beaucoup d'amis... La seule chose que je risquais, c'est d'en rencontrer davantage.

Mes parents et moi avons fini par convaincre le directeur. À la rentrée, je suis passée direct en 4e. Ç'a vraiment été une année formidable où je me suis fait beaucoup d'amis. Je n'étais plus première de ma classe. J'avais envie d'aller en cours parce que comprendre était devenu un défi : il fallait que je prouve qu'on n'avait pas eu tort de me faire confiance. Il fallait que je me prouve que j'étais capable d'y arriver.

Aujourd'hui, l'école, je ne sais même plus à quoi elle sert. À s'ouvrir l'esprit ? Oui, mais à quoi ? À la prise de conscience de notre lente putréfaction ? À toutes les horreurs que commettent les hommes ? À leurs sentiments vains comme leur apparence ? À quoi donc cela sert-il de faire des études, puisqu'on n'emporte rien dans la mort ? À être riche, à avoir des amis ? Mais puisqu'on doit tout laisser sur Terre ?

Ça y est, c'est reparti la petite voix. Avec tous ces raisonnements qui m'épuisent. Pourquoi ne peut-on pas les arrêter ? Je n'en peux plus, je voudrais m'arracher le cerveau. Ces pensées sont mauvaises, elles prolifèrent et dévastent tout sur leur passage, grignotant peu à peu, et de plus en plus vite, les moindres recoins de mon imagination, entachant mes souvenirs et mes pensées d'un voile gris, neutre et triste comme un jour pluvieux.

Je me sens totalement détachée. J'ai l'impression de regarder penser une autre et mes propres sentiments me paraissent étrangers. Et puis à quoi bon avoir des sentiments, si c'est uniquement pour souffrir ?

18.

Ma nouvelle chambre sera plus grande et verte. Très exactement glauque, autant par la couleur que par l'atmosphère. Une grande fenêtre triste trône au milieu du mur d'en face, ornementée de solides barreaux noirs. Elle donne sur un bâtiment gris, vraisemblablement jamais repeint depuis son inauguration, qui ne doit pas dater d'hier. En m'approchant, je peux voir le toit, sur lequel diverses cheminées et antennes griffent le ciel comme les doigts d'une sorcière, mais sur fond éternellement gris. Les cheminées me paraissent perdues, comme moi, dénaturées et incapables d'aucun secours.

Il faut recommencer à s'installer, ce qui ne prend pas longtemps. Je m'allonge sur mon lit et je pleure encore. Je passe ma vie à craquer. Houda est affreuse, je suis une faible et personne ne s'intéresse à moi. Tant pis. Après tout, je ne sers à rien non plus. Je dois disparaître. Mais c'est trop triste ! J'aurais tellement voulu vivre et être heureuse, pas vrai, petite voix ? Est-ce que je n'aurais pas pu être comme les autres, aveugle, insensible, et vivre comme si tout allait bien ?

Et puis je n'arrive à rien : je suis toujours aussi grosse, et je ne veux plus me battre. J'en ai assez de ces visages faussement apitoyés et de ces regards lâches. Je ne sais pas si dans le serment que prononcent les médecins, il y a un : « Et je jure d'avoir toujours, et quel que soit le patient, des yeux de poisson à son égard. » Si ce n'était pas le cas, alors c'est la vocation qui doit le vouloir.

Mais ce qui me désespère le plus reste moi. Ce corps, cet esprit qu'on nomme Mathilde, sans distinction entre les deux. Je voudrais tellement exister vraiment, avoir de la valeur pour quelqu'un. Pourquoi est-ce que je ne peux pas être comme les autres et avoir des amis ? Pourquoi est-ce que personne ne m'appelle jamais ? C'est injuste. Ce doit être ma faute.

Je ne suis pas assez dynamique : je suis trop fatiguée. Non ! Ce n'est pas à cause de mon poids. Je sais bien que quand on regarde une fille, on ne regarde pas ses yeux mais son corps. Alors je me dois d'être parfaite pour plaire, pour qu'on fasse un peu attention à moi.

J'ai déjà essayé d'être drôle, gentille, douce, à l'écoute, et tout ce que j'ai pu. Pour tout compliment, je n'ai eu droit qu'à : c'est une fille « sérieuse » ou « intelligente ». En gros une intello. Mais je n'y suis pour rien ! Je n'ai pas choisi moi, d'être comme ça : d'avoir un esprit qui s'emporte comme un panier à salade, qui tourne jusqu'à en donner le tournis aux autres, si plein que les feuilles en se coinçant se déchirent, mal ordonnées, et volent dans tous les sens dès qu'on soulève le couvercle, empêchant ainsi toute compréhension du mécanisme, et toute réparation !

19.

Douche. Retour dans ma chambre. Démêlage de la brosse à cheveux qui est toute pleine de cheveux enroulés, tristes, qui pendent comme des serpents : j'en retire encore plusieurs mèches.

Choses sérieuses : il s'agit de ne pas rester à 40 kilos. Il faut que je continue sur cette bonne lancée. Je vais faire de l'exercice pour diminuer encore mon poids. Après une dizaine d'années de danse classique, même après avoir perdu 13 kilos, je dois bien garder quelques muscles !

Au boulot ! Devant la fenêtre (c'est plus distrayant), en m'appuyant sur le radiateur, je commence à exécuter soigneusement mes pliés, en veillant à me positionner correctement, et surtout à contracter le maximum de muscles. C'est fatigant, mais je continue. C'est beau d'avoir un but dans la vie ! Et puis je n'ai rien d'autre à faire. Je passe aux « attitudes » : je dois avoir la jambe pliée en l'air avec le mollet à l'horizontale. Devant, côté, derrière, l'autre jambe ! Pareil avec les arabesques.

Maintenant que je suis bien fatiguée, je m'allonge sur le lit et recommence mon exercice de la veille : je monte et descends les jambes alternativement. Puis je pédale en l'air en contractant, je les écarte… Je suis totalement crispée par cet effort : il faut souffrir pour être belle, c'est malheureusement vrai.

Soudain, on frappe à la porte. Mes jambes tombent comme une masse sur le matelas. Il ne faut pas qu'on sache. C'est mon secret. Autrement, j'aurais des ennuis. Mais moi, j'aime bien me dépenser, surtout quand je sens la fatigue, c'est-à-dire quand je suis (presque) à jeun.

Encore Catherine, l'infirmière… Je suis intriguée : elle pousse un chariot visiblement lourd sur lequel sont emmêlées des myriades de fils électriques reliés à toutes sortes de choses comme des boîtiers, des pinces. Je devine que ce doit être l'électrocardiogramme qu'on m'avait promis. Je suis un peu impatiente de voir comment ça marche et ce que ça va donner. Si seulement mon cœur pouvait se calmer. Il bat encore rapidement après l'exercice de tout à l'heure. Maintenant, il s'agit de faire bonne figure et mauvaise impression. Puisse mon cœur battre très doucement, comme si j'étais très faible, ce qui n'est pas encore mon cas, preuve en est l'effort physique dont je suis capable.

Catherine débrouille les nœuds et m'explique qu'elle va me poser des patchs sur le corps, lesquels seront reliés par des fils – s'ils veulent bien se démêler – au boîtier qui imprimera mon électrocardiographe. Elle me pose les patchs (jambes, poitrine, bas, etc.) puis les fixe aux fils qui sont branchés. Je dois arrêter de respirer, ne pas faire de mouvements et me détendre. J'obéis.

Premier essai raté. Il y a un problème, je ne sais pas pourquoi, mais c'est comme ça. Deuxième essai : raté aussi. Ça commence à m'amuser beaucoup. Et puis ça fait passer le temps, un peu comme les repas, sauf que c'est moins désagréable et que l'on ne me tanne pas pour manger. Bon, troisième essai. Il paraît qu'il n'est pas terrible, mais on s'en contentera. Zut, ça m'aurait plu de recommencer encore. Tant pis, je vais enfin pouvoir me retrouver seule, sans être en présence d'un regard étranger qui me dévisage.

Catherine m'arrache les patchs : « Ça te fera une épilation gratuite », lance-t-elle comme une boutade, ce qui est complètement faux puisque les patchs se décollent sans rien arracher. C'était histoire de meubler la conversation, vrai que je ne suis pas très bavarde.

Avant de sortir, elle m'annonce aussi que le Dr Crapaud a décidé de me mettre sous antidépresseur – il fallait s'y attendre ! – et que je serai soumise à des essais pour doser la quantité qu'il faut m'administrer. Ça me jette un froid, surtout juste après avoir fait joujou avec l'électrocardiogramme ; je n'ai pas du tout envie d'être sous l'emprise d'un médicament capable de me faire penser différemment. Je préfère encore être perfusée. C'est comme si on me prescrivait une lobotomie : on va me déposséder de ma pensée, de moi. Déjà que je ne me sens pas très à l'aise dans mon corps, il faut encore que l'on m'extraie la pensée. C'est quoi cette histoire ? Je suis vraiment irrécupérable à ce point ? Ils n'ont pas trouvé d'autre solution que de recourir à un médicament pour me guérir ?

Je suis dégoûtée d'être venue à l'hôpital. J'ai plus que jamais l'impression qu'on veut se débarrasser de moi. Je me dis aussi que je ne serai plus libre. Je veux rester moi, je ne veux pas d'un antidépresseur qui vienne me faire penser comme il faut et m'empêcher d'être libre. D'ailleurs, si c'est un médicament qui me rend heureuse, alors c'est que je ne suis pas guérie. Si c'était le cas, je veux dire si j'étais guérie, alors je n'aurais pas besoin de médicament pour être heureuse. Je ne veux pas être dépendante, je veux rester libre ! Enfermée à l'hôpital, ce n'est pas un problème pour moi. Mais que l'on condamne les portes de mon imagination m'est insupportable. D'un autre côté, je savais bien que ça avait de grandes chances de se passer comme ça. Ça faisait partie des risques en entrant à l'hôpital. C'est aussi une sorte de défi, quelque chose de nouveau pour moi : je suis tellement vide, ils sont tellement à court de solutions qu'ils doivent me donner de l'antidépresseur. D'une certaine façon, c'est donc aussi une victoire, ou plutôt une étape.

Mais malgré tout, je voudrais rester libre dans ma tête. Mme Crapaud ne m'a quasiment pas revue depuis l'entretien qui a précédé mon entrée. Au nom de quoi peut-elle décider cela ? Je sais bien que je ne présente aucun intérêt pour elle.

20.

La journée se passe, avec son ménage, ses menus, ses repas, ses silences, ses solitudes et ses raisonnements à vide dont je ne parviens pas à me défaire. Le soir, juste avant le dîner, je prends mon « Deroxat », mon antidépresseur, pour la première fois. C'est un sirop que les infirmières m'ont donné après l'avoir dilué. Il est orange et sucré, mais pas bon. Ça m'est égal. Je le garde comme s'il pouvait m'apporter l'espoir qui me fait défaut, sans trop de conviction. Peut-être n'est-ce que de la curiosité ?

À 17 heures, j'ai eu ma première visite. Maman semblait avoir attendu avec anxiété de découvrir l'état dans lequel elle me retrouverait. Elle s'inquiète toujours pour tout. Moi, j'étais dans ma chambre. Je savais qu'elle allait venir, puisque le règlement ne l'autorisait qu'aujourd'hui, et que je lui manquais terriblement. Cela, elle ne me l'a pas dit, mais moi, je le savais. Je voyais qu'elle était sur les nerfs, en tension permanente. C'était inutile. Elle se fatiguait pour rien. Puisque moi je ne me souciais pas de sortir, de vivre, pourquoi le faisait-elle ? Au nom de cet amour maternel qu'on dit inné ? C'est bien quelque chose qui m'est étranger. Je ne serai jamais une bonne mère. D'ailleurs, je ne serai jamais mère.

La présence de Maman m'a culpabilisée. J'avais l'impression que c'était ma faute si elle était angoissée. Je me sentais responsable, je me sentais peser, chose insupportable, et je voulais que cela cesse. Que je disparaisse. Quand je l'ai vue, j'étais tellement paralysée par la température ambiante et par le froid de mon être que je n'ai pas eu envie qu'elle me prenne dans ses bras. Je l'ai laissé cependant faire, comme si je ne m'appartenais plus, comme si mon corps et mon esprit s'étaient désolidarisés.

J'ai lu dans son sourire et senti dans son étreinte tout l'amour dont elle cherchait à m'envelopper, sa volonté de me couver de douceur pour me protéger et pour me rassurer. Mais si j'abandonnais mon corps, mon esprit gardait son indépendance. Je ne voulais pas me lâcher. Je devais garder le contrôle. Surtout garder le contrôle.

J'étais, je dois le reconnaître, tout de même heureuse de la voir. Non ! Pas heureuse, disons que ça me faisait un peu plaisir. C'était la seule personne qui me connaissait bien. Elle pouvait m'écouter. Pourtant, je ne lâchais mes mots qu'avec parcimonie, détournant les sujets, cachant l'épine profonde qui m'était douloureuse. Je ne voulais pas qu'elle souffre, j'avais bien l'intention d'être seule, seule et martyre, au nom d'un idéal plus élevé que celui des autres hommes. Et puis elle n'aurait pas compris. Elle aurait discuté. Et ce temps m'aurait été pesant.

Je lui ai raconté l'hôpital. Bien peu à dire, en vérité. Son personnel, ses bâtiments, tous froids. Je lui ai dit mon malaise, dans cette chambre, à pleurer toute la journée, parmi des jeunes si solitaires. Bien sûr, on souffrait tous trop pour s'occuper les uns des autres. Mais j'étais la seule à rester toujours à l'écart.

J'ai parlé aussi de l'atelier photo de cet après-midi. On nous avait fait asseoir sur des matelas de sport, dans une salle située hors du service, en face, à côté du bureau de Mme Crapaud, on avait étalé des photos, des images, glissées dans des films plastique, et on nous avait demandé d'en prendre deux chacun et de les commenter. Je ne sais plus ce que j'ai pris. Des paysages, je crois. Ou des visages. Quelque chose de lointain.

Ensuite, j'ai raconté que Lætitia était partie. Je n'y ai pas vraiment fait attention, enfermée dans mon monde. Alors que, plus tard, ce signe d'une lumière au bout du tunnel sera déterminant pour moi.

Maman m'a demandé si j'avais besoin de quelque chose. J'ai réclamé des mouchoirs et ma bouteille d'huile parfumée pour le visage. Je lui ai proposé de m'apporter des vêtements de rechange et lui ai donné mon linge. Je lui ai dit aussi que j'avais froid et que je voulais un sac de couchage.

Et puis ce fut l'heure de se séparer. Nous avons demandé à l'infirmière qui venait me chercher s'il était possible que je voie un prêtre de notre paroisse. Non, la seule chose que l'on puisse faire pour moi, c'était de me faire rencontrer le prêtre de l'hôpital, les visites n'étant pas autorisées pour les personnes n'appartenant pas à la famille. Je verrai donc le prêtre de l'hôpital.

21.

Jeudi. Aujourd'hui, il n'y a pas d'activité thérapeutique parce que tout le corps hospitalier du service est en réunion hebdomadaire. Seuls les gens de service, comme Karim, nous gardent.

Ce matin, je déteste cet endroit. Il faut absolument que je le quitte. Je ne supporte plus d'être manipulée comme un pantin, et je ne veux pas être sous antidépresseur : je veux guérir toute seule, je ne peux pas avoir tort. Même si ce médicament peut m'aider, je préfère m'en passer. Et puis je voudrais tellement être enfin heureuse ! Les autres gens le sont, pourquoi pas moi ? Cette fois, au petit déjeuner, je décide donc de boire mon jus de fruit et mon bol de chocolat. Je fais cadeau du reste aux vautours de cette table.

Le jeudi est le jour où l'on change les draps. Nous nous activons tous à défaire nos lits, trier taies, draps et couvertures, et à refaire le tout avec du linge propre. Puis chacun va se recoucher.

Je passe le reste de la matinée à relire le règlement. Il y a des « activités thérapeutiques » prévues. Lundi : théâtre, mardi : sortie, mercredi : photos et contes en alternance, jeudi : rien, vendredi : travaux manuels ainsi que samedi matin. Quant au dimanche, c'est sortie ou retour dans les familles, mais de toute façon pas le premier dimanche.

Peu avant midi, l'équipe soignante est sortie de la salle des infirmières. Nous commencions déjà à nous rassembler dans le réfectoire en attendant le déjeuner. Le Dr Crapaud s'est dirigée vers Houda et lui a dit qu'elle était sortante. L'autre était ravie. Elle a foncé en direction de sa chambre et commencé à faire ses bagages. Elle doit partir en fin d'après-midi. Je suis étonnée de voir comment se passe une sortie (je me sens beaucoup plus concernée par le départ de Houda avec qui j'ai vécu des moments plus intenses que par celui de Lætitia !). La décision a été prise si vite ! En fait, le départ de Lætitia puis celui de Houda nourrissent mon espoir de quitter rapidement cet endroit.

Midi : là aussi, je décide de manger un peu. C'est dur, mais je sais que ce n'est qu'à ce prix que je sortirai : on me l'a bien laissé entendre. En sortant de table, je pense que la nourriture est vraiment infecte, et que s'ils veulent redonner de l'appétit à des anorexiques avec ce genre de préparation, ils doivent vraiment pouvoir avaler n'importe quoi.

Je retourne dans ma chambre : c'est l'heure de la sieste et beaucoup restent sur leur lit. Je me sens étrangement partagée. J'ai un sentiment de victoire comparable à celui d'un chevalier triomphant qui vient de terrasser un dragon et qui s'apprête à en montrer la tête à l'affreuse sorcière Mme Crapaud pour pouvoir conquérir sa belle, dame Liberté ; et d'un autre côté, j'ai l'impression d'avoir failli alors que j'étais tout près du but. Oui ! J'ai lâché : deux mois pour parvenir à cette ascèse totale, et du jour au lendemain, tout abandonner ! Recommencer à manger !

En plus, je suis à l'hôpital, ce qui représente tout de même un certain aboutissement dans mes efforts : je me suis suffisamment privée pour que les autres le reconnaissent. Est-ce maintenant que je dois laisser tomber ?

Si on compte les vacances de la Toussaint, ça doit maintenant faire trois semaines que je ne suis pas allée en cours. Pourtant, Maman ne m'a pas dit qu'on s'était manifesté pour moi, qu'on avait demandé de mes nouvelles. J'ai l'impression de compter pour du beurre. Les gens malheureux n'intéressent personne. Il n'y a guère que ma famille que je touche, ou plus exactement sur qui je pèse.

Stop ! j'arrête la petite voix ! Ça me fait trop mal.

Objectivement, j'ai réussi à manger, à mettre de côté tout mon amour-propre dans le seul but de m'évader de l'hôpital, et non de la vie comme je le voulais avant. Le sourire de la vie sur le visage de Lætitia alors qu'elle allait sortir de l'hôpital m'a convaincue : il existe un bonheur, et je dois le chercher. Même si c'est pour moi et que les autres sont indifférents. Ce n'est pas en restant ici que je serai heureuse, et je ferai souffrir ma famille, en lui faisant payer mon hospitalisation.

Au fond, mon idéal n'est-il pas d'être heureuse ? Avec la nature, la beauté, la vérité, l'amour, la pureté, l'honneur, certes. Mais si ces valeurs que d'aucuns jugent démodées ou inutiles ne sont pas innées, ce n'est pas en fuyant que je les ferai naître. Il faut au contraire que je sois un exemple. Dommage que pour sortir il faille manger ! Mais je le veux, je vais m'y mettre !

Ça me fait tout bizarre dans mon ventre. Ce n'est pas vraiment agréable. Je sais que c'est parce que je n'ai pas mangé depuis longtemps. Du coup j'ai peur de grossir. Je fais donc du sport, comme hier.

Tout en faisant mes mouvements, je continue le fil de mes pensées. Le fil de l'ennui. Maman m'a dit qu'elle m'apporterait des livres, pas seulement des vêtements. J'aurai tout ça vendredi : l'infirmière pense que c'est mieux si je ne la vois pas tous les jours. Ça ne me dérange pas. Je suis plutôt du genre solitaire et personne ne m'a jamais manqué.

J'espère me muscler un peu. En fait, je suis trop fatiguée pour pouvoir faire les mouvements à fond, en contractant tout. Je me dis que si je mange, j'aurai plus de force, mais il faudra veiller à bien faire mon sport correctement pour me muscler et non m'engraisser.

22.

Je vous épargne l'heure du goûter. Simplement, comme j'ai déjà mangé aujourd'hui, je me force à prendre un jus de fruit, par principe. Quand on prend des résolutions, surtout si elles vous demandent un gros effort, mieux vaut s'y mettre tout de suite.

Après le goûter, Claire propose de faire un jeu. Va pour un Monopoly, seul jeu encore praticable, les autres ayant perdu la moitié de leur contenu. Nous nous installons dans la salle polyvalente, tout serrés autour d'une de nos tables rondes. Au bout d'un moment, tout le monde, c'est-à-dire Claire, Houda, Fabien, Zoé, Kevin et moi, en a assez. On décide de parler, mais dans les chambres, pour ne pas avoir Karim derrière nous.

Chacun raconte son histoire. Je me trouve lamentable. Tous ont des raisons d'être malheureux : orphelins, parents divorcés, grosse pression familiale, pas aimés, petit frère qui va mourir, drogués ! À côté d'eux, je me sens égoïste de faire une dépression. Ils ont tous dévoilé un peu d'eux-mêmes. Je me sens obligée de parler aussi. Je ne sais pas quoi dire. Comparés à leurs problèmes, les miens paraissent ridicules. J'explique que je suis l'aînée d'une famille nombreuse, que j'ai pris beaucoup de responsabilités qui m'ont fatiguée, que Papa est dans la marine et souvent absent… Je dis tout ça pour m'excuser de ne pas avoir de raisons extérieures d'être mal. Parce que, en fait, ce n'est pas ça qui me rend malade, et je le sais. Le seul problème, c'est toujours moi, moi et mes raisonnements de torture. Mais on ne peut pas arrêter de penser, et d'ailleurs je ne le souhaite pas.

Et là, il se passe quelque chose d'incroyable, qui me surprend et m'émerveille : ils ont tous une réaction unanime, ils me consolent ! Ils me disent des paroles gentilles et me font comprendre qu'eux aussi se trouvent lâches et abjects, qu'il y a des enfants qui meurent de faim dans le monde pendant qu'eux se plaignent, qu'ils ne comprennent pas pourquoi ils sont dans cet état, qu'objectivement ils pourraient très bien être comme tout le monde et vivre normalement, et ils savent qu'ainsi ils ne rendent service à personne. Oui, ils me respectent avec ma différence, ils ne me souhaitent que d'aller mieux parce qu'ils me comprennent, parce qu'ils savent ce que c'est qu'être mal. Pour eux, pas de paroles ou de gestes superflus, seulement Charlotte, assise à côté de moi, qui me met sa main sur l'épaule avec douceur. Ici, pas de pudeur ni de jugement devant les sentiments ou l'histoire de chacun. De cela, il se dégage une force. Nous sommes un groupe d'éclopés serrés sur deux lits d'hôpital qui se font face.

Nous disons nos peurs, notre ras-le-bol de la vie, notre besoin d'amitié, notre envie de sortir de cet hôpital, de cette galère, et notre espoir de bonheur. Nous ne sommes pas des amis, mais un groupe soudé et qui s'aide.

Ce moment-là est beau. Il me redonne confiance en la vie. Après, Houda a apporté ses affaires dans la salle polyvalente. Nous étions tous nostalgiques. Il faut dire qu'elle était un élément fort de notre équipe. Même si tout le monde ne s'entendait pas toujours avec elle, elle avait au moins le mérite d'apporter un peu d'animation dans ce lieu plus silencieux qu'un monument aux morts : son départ va s'accompagner de bouleversements et ne passera pas aussi inaperçu que celui de Lætitia. Heureux pour elle, sans rancune puisque nous souffrons tous et comprenons sa révolte, nous sommes partagés entre le vague espoir de sortir un jour, et la tristesse devant la misère dans laquelle nous demeurons. Un à un, chacun retourne dans sa chambre. Moi, je ne parviens pas à me détacher de cette fille qui, irrésistiblement, m'attire vers l'autre monde.

Je suis assise. Houda prend place à côté de moi. C'est la première fois que nous parlons. Elle ne m'a rien dit sur elle, sinon qu'elle vivait en foyer. Elle ne s'excuse pas. Moi non plus. Cela n'a plus d'importance : dans de tels moments, les petits différends passés n'ont pas leur place. Elle me fait simplement promettre de manger et d'être heureuse. Je lui souhaite bonne vie, bêtement.

Nos paroles sont vides, mais elles ont la profondeur des mots qui lient deux personnes que tout éloigne. Je revois ce moment – j'ai envie de dire ce passage – comme un arrêt sur image. Moment baigné de flou à la manière d'un souvenir auquel on tient. C'est l'image que je veux garder d'elle. Elle avait donc un cœur, et me l'avait montré. Je suis, je crois, celle du service qui a le plus souffert de sa présence. Sa musique, son regard hautain, ses paroles agressives n'étaient pas faciles à vivre. Mais j'étais trop opposée à elle pour pouvoir, comme les autres, la supporter. Pourtant, je suis la seule à qui elle ait ainsi parlé.

Le soir, j'ai mangé et pris mon médicament sans rien dire. La table était silencieuse, comme si les confidences de chacun sur sa douleur résonnaient encore. Respect dans ce lieu de pleurs.

23.

Vendredi, j'ai ma première véritable rencontre avec un membre de l'équipe médicale depuis mon arrivée : la psychologue. Je la vois arriver de loin, habillée de cuir noir devant les murs blancs. Autoportée à dix centimètres du sol, elle laisse flotter derrière elle ses cheveux blond platine et l'inoubliable souvenir de son rouge à lèvres vermillon.

Je la suis dans son bureau, en face de notre service, juste à côté du bureau de Mme Crapaud.

« Bonjour, assieds-toi. Comment tu t'appelles ?

– Mathilde.

– Oh ! C'est un très joli prénom ! Qu'est-ce qu'il signifie ?

Extrêmement surprise, je réponds que « Mathilde » veut dire « Heureuse au combat ». Je m'attends à une réaction du genre : « Ce n'est pas très poétique », comme d'habitude, mais je reçois en pleine figure :

– Hum ! Et c'est quoi ton combat ? » avec un sérieux déroutant.

Je manque de m'étrangler. Je ne sais pas comment le prendre. Philosophique ? pratique ? Je choisis philosophique, histoire de montrer que je ne suis pas tarée, et qu'il faut me faire sortir au plus tôt de cette prison.

Je me lance dans un petit discours comme quoi, étant catholique, je veux mettre en pratique dans ma vie les principes énoncés par l'Église : servir les autres, être gentille, parler de Jésus à ceux qui voudraient m'entendre, être en quelque sorte un modèle d'équilibre !

« C'est pour ça que tu ne manges plus et que tu te détruis ? »

Aïe ! C'est vrai qu'il y a là une incohérence. Je change de sujet et lui explique mes idéaux de pureté, de renoncement. Je veux être maigre pour satisfaire les exigences de la mode d'aujourd'hui. Pour me faire remarquer, être aimée. Je ne veux pas avoir de cellulite ! Je cherche, de cette manière, par cette dépossession de moi et ce détachement par rapport à mon corps, à acquérir une certaine pureté et m'éloigner du commun des mortels dont les méfaits me répugnent.

« Et pourquoi en es-tu arrivée là ? »

24.

Ma vie, je la lui raconte. J'ai l'impression de parler dans le vide. Elle – la psychologue – prend des notes sur de grandes feuilles, essaye de cerner ma famille, mes frères et sœurs, mes problèmes, etc.

Je suis l'aînée d'une portée de quatre filles et deux garçons. Papa est dans la marine et Maman n'a pas d'activité professionnelle. J'imagine que, si elle travaillait, elle aurait du mal à tenir le choc, vu l'activité qu'il y a en permanence à la maison… Les trois petits sont particulièrement redoutables. Marc n'arrête pas d'embêter Maguelone, pendant que la petite dernière médite sur les possibilités de réaliser encore et encore de nouvelles bêtises. Quant à Maxime et Marion, 12 ans et 11 ans, ils sont en internat et ne rentrent le week-end que pour capter toute l'attention des parents. Pendant ce temps, les plus petits réclament également leur part de câlins et piquent des colères à cause du manque de disponibilité des parents.

Les week-ends sont donc des mauvais moments à passer, d'autant qu'ils sont stressants : Maxime et Marion n'arrivent que le vendredi vers 22 heures, et repartent vers 15 heures le dimanche, le samedi est pris par les courses, le dimanche matin consacré à la messe. Il ne reste donc que peu de temps pour se reposer. Ou plutôt pour qu'ils se reposent pendant que les parents les consolent, tout tristes qu'ils sont de les quitter pour une semaine. Dans toute cette histoire, je suis celle qui calme Marc, Maguelone et Marguerite le week-end, et qui les supporte pendant la semaine, conciliant difficilement mon travail scolaire et le bruit de fond des cris dans la maison.

Moi, les petits, je les comprends un peu. C'est normal qu'ils se plaignent de ne pas bénéficier de plus d'attention. Pendant la semaine, les parents ont toujours mille choses à faire, alors ils reportent les câlins aux week-ends. Et à ce moment-là, ce sont les grands qui prennent la place tant attendue. En fin de compte, tout le monde est fatigué et de mauvaise humeur, surtout que Maxime et Marion larmoient à cause des difficultés de leur vie d'internes...

Maxime et Marion vont à l'école en Ardèche, à Aubenas. Chaque semaine, ils ont droit à dix heures de train pour s'y rendre et en revenir. Ils ne sont donc pas précisément reposés quand ils commencent les cours le lundi matin... Pourquoi cette situation absurde quand il suffit de traverser la route pour se trouver dans une école qui comprend toutes les classes, de la maternelle jusqu'à la terminale et au BTS ? Eh bien parce qu'ils sont « précoces », eux aussi. Malheureusement, le directeur qui avait accepté mon saut de classe s'est montré inflexible pour mes frères et sœurs. Cette fois, c'était la preuve que mes parents étaient élitistes ! Et puis Maxime comme Marion n'avaient pas d'aussi bonnes notes que moi. Ils avaient assez rapidement « décroché », à force de trouver l'école inutile puisqu'ils ne pouvaient pas s'y épanouir. Il a fallu qu'ils en arrivent à « l'échec scolaire » pour qu'on les change d'école. Il était indispensable de leur faire sauter une classe afin de les motiver.

Mais on était déjà à la Toussaint. Le seul établissement qui semblait approprié pour ce genre de magouilles, et prêt à les accompagner dans leurs difficultés après le saut de classe, était situé à 350 km de chez nous, à Aubenas, très précisément. C'était un établissement comprenant une série spécialisée dans l'accompagnement des enfants précoces. Il proposait de suivre l'enseignement du collège en trois ans au lieu de quatre. Marion le rejoignit à la Toussaint, sautant une classe « normalement » et une autre grâce à ce système, et Maxime la suivit en janvier. Le grand frère et la petite sœur se retrouvaient ainsi tous les deux en 6ᵉ, Maxime n'ayant, dans l'histoire, gagné qu'« un » an. Nouvelles complications en perspective…

Je restai donc seule, en 4ᵉ, avec les trois petits. Les soirées étaient longues, malgré l'agitation permanente que Marc, Maguelone et Marguerite entretenaient dans la maison. Les week-ends étaient courts, et pas de tout repos…

En dehors de l'école, je faisais de la danse classique, depuis l'âge de 4 ans. Là aussi, il paraît que je m'en sortais bien. J'ai commencé les pointes à 7 ans et demi. Je me suis retrouvée dans une classe de grandes de 16 ans quand j'en avais 11. Pour elles, j'étais « le bébé ». Pourtant, je ne me sentais pas bébé du tout. Je ne trouvais pas que parler de fringues entre les exercices fût une preuve de maturité... La grosse différence entre elles et moi, hormis la taille, était le fait que j'avais toujours besoin de bouger. Quand elles discutaient des musiques ou des pas avec le professeur, une dame très gentille qui m'aimait beaucoup, je m'amusais à glisser sur le parquet vernis. Elles ne manquaient jamais de me faire des remarques et je devais rester immobile et silencieuse, puisque j'étais encore trop jeune pour décider des chorégraphies. J'aimais beaucoup danser, ça me manque. Mais ma constante solitude pendant les cours me faisait beaucoup souffrir.

J'étais aussi guide, c'est-à-dire scout, pour les filles. Ça comptait vraiment pour moi. J'avais hâte d'être chef de patrouille, d'organiser des jeux, des sorties, de faire découvrir la beauté de la nature et la technique des camps aux filles qui seraient sous ma responsabilité. Je voulais faire grandir dans notre patrouille l'amitié et la charité. J'ai dû arrêter en juin dernier. J'étais trop fatiguée par ma saleté de mononucléose pour participer au camp d'été. Ça été très dur pour moi. C'était la meilleure patrouille dans laquelle j'aie jamais été. Je n'ai pas pu reprendre le mouvement cette année : pas assez de forces...

Je raconte aussi à la psychologue que j'aime lire, écrire et chanter, et que j'apprécie plus encore les travaux manuels. Malheureusement, nous n'avons aucun matériel à la maison et, d'ailleurs, quand j'étais petite, Maman n'a jamais aimé me surveiller faire de la peinture ou de la pâte à sel. Je crois qu'elle n'appréciait pas le nettoyage qui s'impose après ce genre de pratiques... Aujourd'hui, c'est difficile de faire quoi que ce soit sans avoir les petits au milieu. Je dessine dans ma chambre, j'écris des poèmes, des paroles pour des chansons...

Mais maintenant, mes amies sont parties. Je suis au lycée et j'ai travaillé. Puis, épuisée, j'ai arrêté, comme pour la danse. Je me suis occupée avec ma recherche de pureté, de vérité et de bonté. J'ai presque cessé de manger. Je me suis cassé la figure et la raison. J'attends qu'on m'aide, mais ça, on n'arrive pas à le comprendre. Il faut encore que je me batte, que je réfléchisse, seule, encore. Fin de l'épisode autobiographique.

Je sors de chez la psychologue encore plus désorientée. Mais à quoi sert-elle ? J'ai l'impression d'avoir donné un cours sur l'histoire de notre famille. Ma famille, je la connais ! La situation, je l'ai déjà tournée et retournée des milliers de fois dans ma tête, comme on remue un couteau dans une plaie.

Et puis la psychologue ne m'a jamais arrêtée pour me faire réfléchir sur un point douloureux, sur un aspect que je n'aurais pas vu ou voulu voir seule. Elle ne m'a interrompue que pour me demander de préciser mon environnement quotidien.

25.

La psychologue me raccompagne jusqu'à la salle à manger où les autres sont déjà à table. Chaque fois qu'ils me voient, ils semblent me découvrir pour la première fois, ce qui me met légèrement mal à l'aise, sans pourtant me troubler, rien n'ayant d'importance. En les voyant manger, leurs yeux étonnés tournés vers moi, j'éprouve de la pitié, comme si je découvrais des oisillons maltraités par des enfants. Il y a dans leur regard collectif quelque chose de cet étonnement et de cette relative indifférence vis-à-vis du degré de souffrance qu'ils pourraient avoir encore à endurer. C'est très étrange. Par moments, nous nous sentons tous très proches, nous sommes complices, loin des infirmières, et quand nous nous sommes séparés, c'est comme si nous ne nous étions jamais connus, comme si tout était à recommencer. Peut-être ne sommes-nous unis que par nos souffrances et notre relation commune aux infirmières ?

Par ailleurs, leur regard me donne l'impression d'exister. Ils me regardent. Soit ils me scrutent pour savoir comment s'est passé cet entretien. Soit ils me voient de la même manière qu'un nuage de passereaux. L'essentiel, c'est que leurs yeux sont braqués sur moi. Même s'ils m'ont déjà vue et semblent surpris de ma présence, je suis l'objet de leur regard.

Je m'assieds et je picore.

26.

Les travaux manuels sont réservés à la matinée. Je suis un peu déçue de ne pas avoir pu en profiter. Peindre, chanter, écrire, danser sont mes seuls moyens de me détendre et de m'exprimer. Depuis toute petite, j'en ai eu besoin. Toutes ces activités se sont envolées depuis ma mononucléose. Ce poids de fatigue sur chacun de mes membres me paralysait et retenait toute créativité à l'intérieur de moi.

Souvent, face à l'impossibilité de transmettre leurs sentiments, de les faire partager, les gens se comparent à une Cocotte-Minute. Il ne s'agit pas de ça. Disons que je suis une éponge, j'aime faire gicler l'expression sur le monde qui m'entoure, après en avoir absorbé la beauté. Mais l'éponge a perdu sa force, l'énergie qui faisait jaillir d'elle ma vie intérieure qui s'est alors embourbée. L'éponge a absorbé, absorbé jusqu'à se noyer pour n'avoir absorbé que ce qui faisait mal. Et au lieu de jaillir, la vie suinte sous forme de larmes épuisantes, l'éponge se vide lentement, ne se recharge plus, mourant à petit feu. Les larmes glissent sans être apaisantes, brûlantes comme autant de fers chauffés à blanc, cristaux de bonheurs envolés égratignant l'enfant meurtrie pour la saigner encore et l'enfoncer dans sa misère. Petit à petit, les larmes finissent par ne plus couler : il n'y a plus rien de suffisamment léger en elle pour pouvoir sortir par les petits trous des suintements. Alors elle s'assèche...

Non, je n'ai pas explosé pour avoir compressé trop de volonté à l'intérieur de moi, comme une Cocotte-Minute. Il m'aurait fallu de la force et je n'en ai pas. Je n'ai même pas cela. Et puis on me remarquerait si j'explosais. Or, le monde continue à vivre autour de moi. Personne ne me voit, parce que je me suis éteinte. J'ai implosé, et cette implosion m'a ravagée. C'est l'extérieur qui m'a détruite, parce que je l'ai pris sur moi comme un fardeau, parce que j'aurais voulu le changer, et que c'était impossible. Cela m'a mortellement atteinte, et je me suis changée. Et je me suis éteinte.

Je pense à tout cela sans amertume. Cela fait partie de moi. Ce sont les douleurs qui nous construisent, parce que l'on doit y remédier. Je continue à trouver ma cause noble. Le défi consiste à y survivre.

27.

J'ai envie de lire cet après-midi. Je ne pourrai pas attendre que Maman m'apporte des livres. C'est tellement désespérant de n'avoir rien à faire. Penser ? Ça fait trop mal. Et puis penser en regardant ces murs sales et ternes, baignés de lumière grise, ça incite à tourner en rond. Rien de tel pour se faire des nœuds au cerveau, de ces nœuds qui coupent l'irrigation de la vie.

Je me renseigne auprès des infirmières : y a-t-il une bibliothèque dans l'hôpital ? L'infirmière me prête une clé, me montre l'armoire qui trône dans le réfectoire et me demande d'inscrire la date, mon nom et celui de l'ouvrage choisi sur un cahier.

Qu'ai-je lu ? Je sais seulement que j'ai dévoré des livres à une cadence effrayante. Il est vrai que je n'avais pas d'autre activité, excepté mon « sport », qui ne me prenait que peu de temps. Je me souviens d'un livre de contes étranges de Marc

Twain, je crois, qui m'avait occupée. Il y avait d'autres livres, bien sûr, mais je les ai oubliés. En fait, cela n'avait pas d'importance, pas plus que mes autres activités. Il fallait seulement que je sorte. Et je n'avais toujours pas eu d'entretien avec le Dr Crapaud ! Cela me dépassait. L'impression d'être dans un mouroir.

Il paraît que les Celtes laissaient les malades à l'écart de leur village, dans une petite hutte, et que chaque jour ils leur apportaient un peu de soupe. Ils les laissaient guérir, selon la volonté des dieux. Je m'identifie très bien à ces abandonnés qui finissent leur vie en solitaire.

28.

C'est au goûter que nous avons vu arriver Manu. Il avait l'air presque aussi paumé que moi, mais bien plus malheureux. On aurait dit qu'il allait se mettre à pleurer. Il est allé s'installer et nous a rejoints un peu plus tard.

« Pourquoi t'es là ? » reçoit-il en pleine face après nous avoir dit son nom.

Il n'a pas envie de parler. Vraisemblablement pour dépression, je pense. Comme Fabien, Claire, Zoé et Kevin, il prendra vite l'habitude d'alterner ses séjours entre la salle « fumeurs », avec sa télévision, et son lit. Autant dire que nous nous verrons peu.

Ce soir-là, beaucoup de remue-ménage dans le service parce que Kevin, ravi, part aussi. Soulagement général : son caractère explosif troublait la « sérénité » des lieux, ce qui n'était pas du goût des habitants, et avait même déjà entraîné des disputes.

Dans la soirée, c'est également l'arrivée de Fleur, petite et décidée. On lit beaucoup de souffrance et de volonté dans ses yeux : son regard vous transperce et vous donne honte d'avoir osé le croiser, en comparaison du peu que vous avez souffert. Elle a la fierté d'un étalon, d'un gitan, ou d'un chef africain. Et moi, je la regarde sans détourner le regard, parce qu'elle me fascine.

On annonce aussi l'arrivée d'un autre garçon pour le lendemain matin. Il paraît que c'est un autre dépressif. Cette unité semble vraiment être spécialisée dans la matière… Il faut revoir la répartition des chambres. Il n'y en a que cinq : trois doubles et deux simples. Je me retrouve avec Fleur, ce que j'appréhende un peu.

29.

Toujours vendredi. Maman vient me voir pour la deuxième fois. Elle arrive avec une demi-heure de retard, à cause de toutes les courses qu'elle a dû faire pour moi. Je ne lui en veux pas. Elle a apporté un sac de couchage, un baladeur, mes CD et mes vêtements. Elle a dévalisé la boutique Petit Bateau, n'ayant pas trouvé grand-chose dans mes placards. Les couleurs sont tristes, les formes, je ne les aime pas, mais ça me fait plaisir : elle s'est donné du mal pour moi. Je lui dis que je trouve tout ça très joli.

Maman m'a aussi acheté une barrette et une pique à cheveux. C'est un moyen que j'affectionnais beaucoup pour me coiffer quand j'avais les cheveux longs, et Maman pensait me faire plaisir. Pour lui montrer mon enthousiasme, j'entreprends de remonter mes cheveux et d'y planter l'objet. J'ai beau essayer et réessayer, impossible. Mes cheveux sont trop courts pour tenir enroulés. Je pense que je suis décidément bien moche avec cette nouvelle coupe, et que je ne peux même pas me ressembler un peu à l'aide d'un artifice que j'aime encore.

Maman sent qu'elle m'a blessée sans le vouloir. Elle me dit que mes cheveux repousseront. Je pense à tous ceux qui jonchent les poils de ma brosse le matin ou que je retrouve sur mes vêtements.

Je regarde les CD qu'elle m'a apportés : Cranberries, Norah Jones, Dido, Carla Bruni. Ça me fait plaisir de les avoir, et en même temps, je trouve ça inutile. En fait, je n'écoute pas beaucoup de musique. Je préfère le silence. Ou alors chanter, des chansons sans paroles et sans musique pré-écrite, qui s'échappent de moi et me lavent comme le flot d'une source. Je m'identifie mal aux paroles des chanteurs et à leurs mélodies.

Je prêterai mes CD aux autres, qui me demandent sans cesse ce que j'aime. Il faut dire que je connais mal la musique. C'est grâce à leurs radios que je connaîtrai le rap et le RnB, moi qui ai grandi avec des vieux, Joe Dassin ou Alain Souchon.

Depuis toute petite, le peu de musique que j'écoute est « classique » et ça me suffit. J'aime me laisser porter par ces airs qui laissent toute sa place à la rêverie. Je ne connais même pas les compositeurs. Ce sont les morceaux que j'ai entendus pendant les cours de danse, et qui me donnent envie de m'élancer et pirouetter. Je devine les paroles, je les écris, différentes suivant mon humeur.

Au moment de partir, Maman me laisse la bouteille d'huile pour le visage que je lui avais demandée. Sa senteur de lavande garde aujourd'hui pour moi un parfum d'hôpital, exhalant des souvenirs tristes.

Par acquit de conscience, Maman veut aussi savoir s'il m'est autorisé d'avoir un sac de couchage. La réponse de Brigitte, l'infirmière, est négative, Maman remporte le gros sac, et je dis adieu aux nuits blotties dans des chaleurs qui m'appartiennent. Les infirmières me donnent des couvertures chaudes, ne comprenant pas pourquoi je n'en avais pas demandé.

Deroxat, dîner.

J'essaye de dormir quand, vers 21 h 30, Karim vient me chercher. Selon lui, je suis trop solitaire, je dors trop. Je dois aller rejoindre les autres dans la salle polyvalente où ils prennent une « collation ».

Je commence par refuser, puis vaincue, me laisse traîner jusque-là. Il y a des gâteaux sur la table, des sortes de madeleines, ou d'autres gâteaux en sachets comme on en trouve à l'hôpital. Karim apporte une carafe de chocolat brûlant. Ça sent bon. Je déteste manger, mais j'aime les odeurs. Odeurs de boulangerie, de confiserie, odeurs de plages ou de pins. Odeurs d'hôpital…

Je ne prends rien. J'ai déjà donné. J'écoute les autres. J'aime cette impression d'être invisible, comme dans un film, et de voir les choses se dérouler devant moi. Je me tais, je dors presque.

Les autres, d'abord gênés par mon mutisme, profitent de ce moment comme d'une récréation. Ils jouent, ils rient, je m'en sens loin.

À la fin de ce temps, souvenir d'une seconde, je file au lit sans demander mon reste. Il n'y aura pas pour moi d'autre collation. Décidément, je ne suis pas faite pour vivre. En tout cas, pas normalement. Je décide de ne pas me soucier de ce que pensent les autres. Je serai moi, et je vivrai pour leur montrer que je le peux sans me plier à leurs habitudes. Je serai moi.

30.

Samedi matin. Aujourd'hui, il y a beaucoup de départs, pour le week-end. Paradoxalement, c'est en ces jours, où nous devrions nous « reposer », que nous sommes le plus abandonnés. Au petit déjeuner, ceux qui partent affichent une joie oppressante pour nous qui restons. Le service se vide, déserté des presque vivants qui l'habitent encore pour peu – car il faut aller mieux pour avoir la permission du week-end – il reste hanté par les fantômes de ceux qui restent. Par ailleurs, les soignants sont pratiquement tous en congés. Tout semble encore plus vide et plus sinistre.

Je colle ma tête à la fenêtre de la salle qui donne sur le parking. Le ciel est toujours gris, les arbres toujours noirs, dans le parc près de la chapelle de l'hôpital. Au-dessus de la chapelle s'élève un bâtiment haut et gris. On dirait qu'il tente, par son imposante morosité, de rivaliser avec notre désespoir.

Le parking est quasiment désert. Tous ont fui. Je regarde ces bâtiments austères et pense à tous ceux qui y meurent. J'ai l'impression que rien n'a de sens. La solitude devrait être interdite.

31.

Ce matin, on a tout de même le droit de faire des travaux manuels. Catherine, l'infirmière, apporte un chariot sur lequel tiennent en équilibre de la peinture, des pinceaux, des crayons, du scotch, des ciseaux, des papiers et des revues.

Nous sommes en novembre et il s'agit de décorer un peu le service pour Noël. Fleur se saisit d'une feuille raisin et reproduit un paysage enneigé à partir d'une image dans une revue.

Manu entreprend de dessiner je ne sais plus quoi. Les autres ne sont pas là. De mon côté, j'accepte la proposition de Catherine. Je vais réaliser une statue en plâtre sur fil de fer. Celle-ci représentera la Vierge Marie et saint Joseph, elle est très belle sur la photo. Je me mets donc au travail.

On discute un peu. J'apprends que Fleur a déjà fait un séjour ici. Mais c'est surtout moi que l'on fait parler. Catherine est très gentille. Elle me pose des questions sur moi, sur ma famille, sur les travaux manuels. Elle sent que j'aime ça. Elle me trouve douée. Je n'y suis pour rien. Je ne pense pas d'ailleurs que je sois si douée que ça. J'aime seulement regarder, saisir et comprendre les sentiments pour reproduire les expressions.

Je raconte. C'est tout doux. Brigitte, l'autre infirmière, nous a rejoints. Il y a comme un voile d'intimité qui se crée entre nous cinq. J'aime cela, on prend plaisir à soulever peu à peu et sans douleurs ce voile qui recouvre la personne de l'autre, et l'on fait patiemment connaissance.

32.

Le garçon dont on nous avait parlé est arrivé ce matin. Il s'appelle Léon. Pour autant que je puisse en juger, il a l'air simplement dépaysé. Comme nous, il est bien là pour dépression.

Midi.

Un après-midi à lire.

Après le goûter, je parle avec Fleur. Elle n'arrête pas de faire des acrobaties, enchaînant saltos et grands écarts. Elle m'apprend qu'elle a été championne de gymnastique, ce qui explique sa morphologie de fille pas haute et très musclée. Elle me parle aussi beaucoup des chevaux. Elle en a affiché des posters dans notre chambre. Son rêve serait de devenir monitrice. Elle a déjà un cheval à elle. Elle parle aussi de deux tentatives de suicide.

Je me trouve misérable. Fleur n'a jamais connu son père. Elle ne s'entend pas avec sa mère. Elle parle sans cesse d'émancipation. Moi, je n'ai rien de tout cela, et je pleure tout le temps.

33.

On nous a promis que demain, on ferait « quelque chose » : cinéma, MacDo ou autre. En attendant, je regarde Karim jouer au baby-foot avec Fleur.

Je me tiens debout pour perdre mes calories. Je veux bien manger, petit à petit, mais il faut que je fasse du « sport » afin de me muscler. Je ne veux pas de graisse sur mon corps. C'est d'ailleurs pour ça que je ne mange plus ni beurre, ni huile, ni œuf : ça me dégoûte. Je veille aussi à enlever tout le gras dans ma viande, à ne pas prendre trop de féculents, et à laisser la sauce dans mon assiette pour ne pas augmenter la valeur énergétique de ce que j'ingère.

Ça rend les autres fous de me voir toujours debout. Personnellement, ça ne me fatigue même pas. Ou peut-être que si, mais je suis de toute façon tellement exténuée à l'état naturel en ce moment, que je ne me rends pas compte de la petite différence apportée par cet effort supplémentaire.

C'est vrai que je suis toujours fatiguée. À l'heure où j'écris, je ne sais pas comment mes jambes étaient capables de me porter pendant ces jours sombres. Lors d'accès de faiblesse, alors que j'étais debout, il m'est d'ailleurs arrivé de m'écrouler. Comme si mes jambes étaient paralysées. Drôle d'impression. Mais à ce moment-là, j'étais tellement enfermée dans mes convictions et mes idéaux que, malgré mon épuisement, je tenais encore et toujours, grâce à ma seule volonté. C'est également ma ténacité qui me permettait de lire.

Penser est la seule chose à laquelle je ne puis me contraindre. Mais depuis que j'ai décidé de vivre, mes moments de vide mental s'espacent. Je les redoute comme la peste parce qu'ils m'enlèvent mon âme. Je ne suis pas moi. « Non cogito ergo non sum. » J'ai toujours réfléchi. Je me suis toujours posé beaucoup de questions. Mises bout à bout, les réponses m'ont amenée à la conclusion que je vis à vide. Pour rien. Le monde extérieur est fou, égocentrique, sans rêve et sans valeurs, comme cette balle de baby-foot qui se laisse diriger au gré des coups.

Moi, je ne veux pas de ça. Il me faut donner un sens à ma vie. J'en ai assez de toutes les paroles de toutes ces chansons creuses, parce qu'elles ne sont pas suivies par des actes. Agir, pour moi, cela veut dire me sacrifier pour ma cause. Pour le Bien, pour le Beau. C'est pour moi un besoin vital que de me donner en exemple et donc de faire don de moi. Je n'espère pas que mon exemple soit suivi – j'ai trop de désillusions au sujet des autres pour cela, je sais qu'ils n'auraient pas le courage de me suivre, trop attachés qu'ils sont à leurs biens matériels et à leur confort – non, mais j'espère simplement que l'on me remarquera, que mon comportement fera réfléchir, et qui sait – mais je n'ose même pas me le formuler tellement je n'y crois plus –, que l'on m'aime, comme je suis.

J'ai d'ailleurs un besoin maladif d'affection. Je suis oppressée à la maison, étouffée par l'amour d'une mère qui surveille chacune de mes actions comme si elle avait peur que je me brise, comme si elle guettait le moindre faux pas pour me rattraper avant ma chute, comme si elle n'avait plus confiance en moi. D'ailleurs, elle ne cesse de me répéter : « Tu as l'impression que tu as raison, mais tes raisonnements sont détournés. Tu transformes tout en mal et tu te blesses. » À l'entendre dire sans cesse que je perds la raison, je ne l'écoute plus et ne la crois plus. Elle doit essayer encore de me protéger du monde, de me faire croire qu'il y avait des choses belles chez les hommes et entre eux. Mais je ne veux pas d'une réalité édulcorée. Je veux une réalité tout court. La réalité. Je veux faire face et me battre, ne pas transiger avec le mal. Pas de demi-mesure. Je veux être pure tout entière, et que ma pureté se reflète sur mon visage.

Malgré ses efforts, Maman ne m'apporte aucune affection. Tout simplement parce qu'elle ne m'accepte pas telle que je suis. Elle a trop besoin que je sois « comme il faut », c'est-à-dire que je ne me pose pas de questions et que je vive heureuse comme tout le monde, pour mon bien. Je me sens complètement désolidarisée d'elle. Et puis, comment la croire ? Je suis sa fille, et elle me voit à travers le prisme de l'amour maternel. Serais-je la fille la plus laide du monde qu'elle m'assurerait être la plus belle. Et moi, je ne veux pas de ça. Je suis prête à accepter chaque coup de la réalité, plutôt que d'ignorer encore.

34.

L'époque où je me sacrifiais pour les autres... Plus je m'acharnais à accomplir toutes les petites tâches susceptibles d'alléger le quotidien de ma famille (rangement, table, bains, cuisine, etc.) et moins je me faisais remarquer. Au lieu de me remercier, je recevais de la part de Maman des mots tels que : « Tu t'épuises, va te reposer, je vais m'occuper de ça. » Quant aux autres, branchés devant la télé, à l'ordinateur, ou occupés à je ne sais quel jeu, ils ne levaient même pas les yeux : ils me laissaient tout faire sans broncher. Je n'avais pas d'existence, puisque je ne lisais ma valeur dans aucun regard.

J'essayais aussi d'être belle, espérant de la sorte attirer l'attention, me faire aimer, avoir des amis. C'est aussi pour cela que j'avais entrepris de réduire chaque jour davantage mes rations de nourriture, de sélectionner les aliments. Je trouvais toutes les raisons possibles pour monter et descendre les escaliers de la maison, ce qui n'était pas trop difficile, ma chambre étant au deuxième étage. Mais je sentais que pour les gens de l'extérieur, ceux pour qui je me privais, je disparaissais lentement.

Je travaillais aussi beaucoup mes devoirs. Je voulais être parfaite sur tous les plans. Je rêvais d'être inaccessible, au-dessus du monde, par ma pureté, et d'en tirer l'amour des autres vers lesquels je voulais m'abaisser ne serait-ce que pour être aimée.

Chaque jour me trouvait un peu plus vidée de moi-même. À tout moment, sur une simple parole, j'éclatais en sanglots. Au lieu d'être pour les autres un appel, cette vie qui s'écoulait par mes yeux les éloignait de moi. Pudeur ou crainte de souffrir ? Sur le moment, un ou deux proposaient leur mouchoir en me disant « ça va passer ». Puis plus rien. Oui, ça va passer, je mourrai vite, comme ça, ça passera.

Puis je pleurai de moins en moins, n'ayant plus de larmes à verser, la vie se tarissant en moi. Je ne voulais pas trop boire d'ailleurs, pour ne pas me laisser aller aux gestes sales des toilettes. Je devais rester pure, toujours, d'autant plus que les autres persistaient à s'enfoncer dans leur crasse.

Il m'arrivait même de ne plus penser. D'avoir la tête vide. Mon ascèse physique avait contaminé mon esprit qui n'était parfois plus capable que d'actions mécaniques, presque instinctives : rester assise, debout ou allongée, en attendant que le temps passe, voir, parfois répondre à des questions. C'était comme courir dans le brouillard à la poursuite d'oiseaux blancs. Je cherchais à l'aveuglette des pensées qui me fuyaient. Impossible de réfléchir. Peut-être est-ce cela, un animal, quelqu'un qui ne pense pas. Ce ne doit pas être si désagréable, sauf lorsqu'on sait ce que c'est que penser.

Exténuée, vidée de ma force et de mon esprit, je n'étais plus en mesure d'aider. J'avais alors pris le parti, jusqu'à ma mort prochaine, non pas de me faire oublier, puisque c'était déjà le cas, mais de ne pas être la cause de tourments pour les autres. Il leur était par exemple inutile de mettre mon couvert parce que je ne descendais pas. Je ne comprenais pas pourquoi ça leur faisait de la peine, puisque c'était mon choix.

Je n'étais pas heureuse. Je souffrais même beaucoup et je pleurais sans larmes, n'ayant plus rien à donner, peau et yeux secs, cœur juste humide et froid par manque d'amour. Mais j'étais sûre de ce que je faisais. Je savais qu'il n'y avait rien à attendre du monde, que je ne pourrais pas y vivre à cause de toutes ses lâchetés, ses injustices, ses mensonges. J'avais essayé de faire changer les choses en me changeant moi-même, pour ainsi faire bouger les autres... Pour me rendre compte que mon combat était vain. Ils ne voulaient pas être meilleurs, ils me prouvaient l'horreur de ce monde. Ils pointaient du doigt mon inutilité. Je refusais de vivre ainsi, comme eux. Et puisque ma guerre était inutile, je préférais ne pas continuer à peser sur les autres par la continuation de ce combat sans fin. Je choisis égoïstement la tranquillité, souffrant de solitude et d'incompréhension.

J'avais atterri à l'hôpital presque par hasard, comme catapultée par une force invisible. Je n'avais accepté que pour faire plaisir aux parents, me disant que ça leur pèserait moins de ne plus m'avoir à la maison. Là-bas ou à l'hôpital, tout m'était égal… Peut-être aussi y avait-il, cachée tout au fond de moi et bien emmitouflée, une minuscule pointe d'espoir à laquelle je n'osais même pas laisser la parole, de peur d'être déçue par une vaine attente.

Et puis je me disais que Dieu m'avait créée pour la vie. Je devrais donc normalement être heureuse. Mais comment ? Pourquoi ?

Je me disais que je devrais essayer de manger et qu'en contrepartie je devrais faire du sport. Ainsi, je serais belle et en forme. Je n'espérais plus aucun secours des autres, j'avais compris que j'étais seule, mais j'acceptais leur présence.

35.

C'est un étrange endroit que l'hôpital. Froid, silence, avec de temps en temps des cris ou des pleurs. Des jeunes de tout le département, issus de tous les milieux. C'est là que j'ai découvert la réalité de la société, encore plus en profondeur : nous étions tous touchés. Cette société était mauvaise et destructrice pour tous.

Mais j'ai vu aussi des jeunes, avec une forte identité. Des jeunes qui avaient des rêves, et un cœur. Ils étaient en révolte contre leurs parents, en difficulté scolaire, souffraient de malheurs dont on parle souvent, mais dont on ignore l'impact. Ils ressemblaient à des puzzles dont certains endroits seraient défaits, d'autres mal emboîtés.

Souvent, les approcher était difficile. Ils étaient enfermés derrière des murs de papiers qu'ils recollaient rapidement, de peur de se laisser envahir, de peur de souffrir. C'était pour mieux cacher un cœur blessé et généreux.

36.

Dimanche. Ce jour-là, nous avons le droit de dormir jusqu'à 9 heures. Pauvre luxe ! Ça m'est égal.

On consacre la matinée à une activité maquillage. Je déteste le maquillage. Ça me pique, ça me gratte, ça me fait pleurer, ça dégouline. En plus, je ne vois pas l'intérêt. Je veux être belle naturellement, ne pas cacher les impuretés. Je veux rester moi, et être appréciée pour ce que je suis. Je ne me suis jamais maquillée, seulement pour les galas de danse, et c'était pire que tout parce que ça devait être violent pour être visible.

Néanmoins, je ne sais pas comment l'expliquer, mais sentir le pinceau passer sur mon visage m'amuse. Ça me caresse. C'est agréable. Finalement, je n'aime pas le maquillage, les cosmétiques sur mon visage, mais j'aime bien qu'on me maquille.

Ça nous occupe toute la matinée. Selon les infirmières, je devrais me forcer, ça me ferait du bien. Je m'extérioriserais un peu plus.

37.

Déjeuner.

Je passe l'après-midi à regarder *Pretty Woman* avec Manu. C'est une cassette qui se trouvait avec les livres. Ça fait passer le temps. Je crois qu'on m'en avait dit trop de bien.

Ce qui me dérange le plus dans cette salle télé, c'est l'odeur pestilentielle de tabac froid. C'est à peine respirable. Le film terminé, je me promets de ne plus y remettre les pieds.

Maman arrive dans la soirée, immuablement aux mêmes horaires. Elle a amené Marion, ma sœur de 11 ans, ce dont je me fiche éperdument : la présence ou l'absence des gens m'est complètement indifférente. Elle me donne la communion qu'elle avait prise pour moi. Elle m'a aussi apporté des livres qu'elle a achetés lors d'une vente organisée par l'une de ses amies. Je suis contente, ça me divertira un peu.

On parle. On ne dit rien. Au revoir.

38.

Lundi. Je pèse 41 kilos. Je suis assez fière de ma progression. Je croise Mme Crapaud qui me dit que je recevrai la visite d'une diététicienne et d'un endocrinologue. L'endocrinologue est un médecin qui va vérifier s'il n'y a pas, à l'origine de ma dépression et de mon état physique « déplorable », un problème médical.

L'après-midi, je découvre l'atelier théâtre. C'est pitoyable. Mettez-vous en cercle, faites passer la boule d'énergie en serrant la main, faites la grenouille…

39.

Les jours se suivent…

On me fait une nouvelle prise de sang pour voir s'il y aurait des problèmes que l'endocrinologue pourrait analyser. Il vient ensuite dans la journée. Il m'ausculte tout froid et prend ma tension – c'est un truc que j'aime beaucoup mais que l'on fait trop peu souvent – et me pose des tas de questions sur mon corps et sur mes maladies. Il part en disant que tout lui semble normal, mais qu'il verra quand même après les analyses. Les autres sont très surpris que je bénéficie d'autant de soins médicaux (prise de sang, médecin, électrocardiogramme). Apparemment, ce n'est pas courant dans ce service. Il paraît d'ailleurs qu'ils ne prennent pas d'anorexiques parce qu'ils ne savent pas comment les soigner. Heureusement que je ne suis pas anorexique mais seulement dépressive, comme ils me l'ont dit !

Le lendemain, mardi, les autres sont partis pour la sortie mensuelle à Saint-Tropez. Moi, je suis toujours trop fragile pour y aller. Je lis les bouquins que Maman m'a apportés.

Dans la matinée, le monsieur des menus passe. Je pense, amusée, que demain je serai la seule à avoir choisi mes repas. Je suis aussi la seule qui assiste au ménage, ce jour-là. Je suis la seule qui reste seule. C'est énervant cette solitude, c'est énervant de ne jamais voir les médecins, psychologue et psychomotricienne. On n'arrête pas de me dire que c'est pour que j'aie le temps de réfléchir aux causes de ma dépression. C'est faux ! C'est insupportable de ressasser ses malheurs toute la journée pour leur donner un sens. Comme s'il fallait qu'ils en aient un ! Et puis, quand on est trop plongé dans le problème, on ne peut pas s'en détacher pour l'analyser, au contraire, on s'enlise. Plus je réfléchis à ma vie, et plus j'ai l'impression que je n'ai aucune valeur, que je suis condamnée à souffrir éternellement sans jamais connaître le bonheur. Pourquoi les malheurs et les péchés sont-ils plus marquants que les moments de joie ?

J'ai passé des journées entières à chercher les causes de ma dépression. Je n'ai rien trouvé. Je me suis fait chaque fois un peu plus mal en ravivant des moments douloureux, des indifférences, des paroles blessantes sans le vouloir, des incompréhensions, des incapacités. Je tournais en rond car personne ne m'écoutait et ne m'aidait à distinguer dans le méli-mélo de nœuds de souvenirs, sur quel fil il fallait tirer pour débrouiller un peu. Je tournais et retournais cette pelote brûlante, et à chaque tour, mes mains en souffraient davantage. Et je me disais que rien n'avait de sens et que je devrais me laisser aller.

Quand j'avais trop tourné à vide ou quand j'avais trop mal, alors je priais, j'offrais mes ténèbres et mes souffrances pour le salut du monde, je les donnais à Dieu. Me savoir écoutée, au moins par Lui, penser qu'ainsi mes souffrances prenaient un sens me fortifiait. J'ai beaucoup prié à l'hôpital…

L'après-midi, je rencontre la diététicienne, qui m'apporte un dossier comportant le nombre de calories des aliments : elle m'explique ce qu'est un repas équilibré et quels sont les besoins en fonction de l'âge. Elle me demande si on peut faire quelque chose pour moi, afin que je mange des choses que j'aime. Je lui dis qu'un monsieur vient nous proposer des menus tous les jours et qu'on peut choisir. Elle répond qu'on peut changer ma formule de petit déjeuner qui pour l'heure comprend deux pains au lait, deux morceaux de beurre et un petit pot de confiture avec une briquette de jus de fruit. Je demande du pain normal, l'autre étant trop élastique.

40.

Mercredi. Je pèse 41,3 kilos. En tout, j'ai pris 500 g ! Je suis très fière de cette performance, ce que je dis à Mme Crapaud en la voyant. La seule chose qu'elle trouve à me dire, avec sa petite voix douce et ses yeux grands ouverts, c'est que je suis toujours très fragile et que je resterai encore « un bon moment à l'hôpital »...

Je ne peux pas le croire. Elle me brise dans mon élan. Je déteste cette voix trop calme qui semble craindre de dire des paroles apaisantes. Chacun de ses mots me blesse comme une lame lacérant mon cœur. J'étais pleine d'espoir, j'allais mieux. J'avais envie de vivre, de continuer à faire des efforts, et d'un coup, elle a tout terrassé, piétiné par ses mots trop feutrés. Si je pouvais à cet instant, je vomirais tout le Deroxat qu'elle m'a prescrit. Elle me balance à la figure toutes mes erreurs : je ne suis pas restée gentiment alignée comme les autres enfants qui ne se posent pas de questions et qui mangent comme il faut.

Je reçois au visage tous mes efforts inutiles comme autant d'injures à mon idéal.

Je commence sur-le-champ un régime drastique. Il s'agit de me vider totalement et rapidement, désespérée que je suis et désireuse de lui montrer sa bêtise et son impuissance.

Je file dans la chambre et pleure toute la matinée.

Je fais la découverte de l'atelier contes cet après-midi-là. Ça me détend un peu. Il s'agit d'inventer le dénouement d'un conte dont on arrête la lecture à un moment crucial. C'est une histoire d'ours qui doit retrouver sa maman, de soldat devant sauver sa tribu ou d'enfants chargés de régler les saisons. Nous racontons, chacun à tour de rôle, la fin de cette histoire. Certains n'ont pas d'imagination, mais peu ne se prêtent pas au jeu. Je suis d'ailleurs étonnée par la sensibilité de ces jeunes qui, malgré leur fierté farouche, écoutent tel un baume l'histoire qu'on leur lit, comme si, pour un instant, cette caresse venait panser un à un leurs chagrins d'enfants, qu'ils sont.

41.

Jeudi. Maman vient encore me voir. Elle me rend visite à peu près un jour sur deux. C'est aussi aujourd'hui que je peux rencontrer le père Philippe, aumônier de l'hôpital.

Nous sommes rassemblés dans la salle polyvalente, et tous sont surpris de le voir. Ne le connaissant pas, je dois avouer que moi aussi. Il est monté jusqu'à notre deuxième étage pour venir me chercher, alors qu'il me semble beaucoup souffrir de sa jambe. Cela me touche et me culpabilise un peu. Je lui en fais la remarque quand nous sortons sous le regard médusé du groupe.

Nous parvenons dans la cour au terme d'une difficile descente, et il dirige nos pas vers la chapelle. L'intérieur ne m'a pas marquée. Je me souviens de deux grandes portes de bois et d'un intérieur abîmé. Il y a un grand maître-autel comme on en trouvait autrefois. Nous faisons une courte prière, puis nous entrons dans ce qui s'appelle la sacristie, et où sont disposées une table et des chaises entourées d'armoires renfermant mille choses à en juger par tous les bocaux et papiers qui traînent.

Le père Philippe me parle un peu de lui, de cette église dont la cloche est tombée. Je suis heureuse d'être ici. Je m'y sens plus à ma place qu'en haut. J'ai l'impression de m'être évadée, de faire une parenthèse dans ma vie hospitalière. Je me sens bien, loin de ce service, dans cet endroit poussiéreux et rassurant, à parler avec un prêtre qui ne me regarde pas comme un spécimen à la différence des médecins et des autres.

Puis je me confesse et il me donne le sacrement de réconciliation. J'ai confiance. La seule personne à qui j'ai toujours osé me présenter, c'est Dieu.

Je parle ensuite. Je raconte. Pauvre père Philippe ! Cela n'a pas dû beaucoup l'amuser. Il a buté sur certains de mes mots. Il a senti ma gêne à parler de ce qui se mange. Il a perçu mon ambiguïté vis-à-vis des apparences. Il m'a dit que la dépression n'était pas un péché, qu'elle n'était qu'une grande souffrance et que je devais persévérer pour aller mieux, pour regarder ce qui va. Et lui aussi m'a dit que je devais manger, qu'autrement je ne pourrais jamais vivre, ce à quoi Dieu m'avait destinée.

« Je vois ta détresse, mais si tu ne manges pas, tu n'auras pas la force pour remonter la pente. De toute façon, quoi que tu fasses, que tu sois grosse ou maigre, tu seras toujours celle que Dieu a créée, tu seras toujours toi. »

Cette parole, je me la suis passée et repassée dans ma tête quand ça n'allait pas, quand je ne voulais pas manger. Non, je ne pourrai rien changer. Je serai toujours moi.

Le père Philippe me raccompagne jusqu'au service. Les autres sont déjà à table. Ils sont toujours aussi surpris. Je m'assieds avec eux. Les questions fusent :

« C'était qui, celui avec qui t'étais ? interroge Fabien.

– Un prêtre.

– T'es croyante, toi ? Vraiment ? n'en revient pas Léon.

– Oui.

– Pfff… J'aimerais bien, moi aussi. Mais c'est trop dur ! Je peux pas, j'arrive pas à m'imaginer que Dieu existe. Tu comprends, comme on le voit pas…, soupire Zoé qui semble désemparée.

– Tu sais, moi non plus je ne Le vois pas. Sa présence me donne du courage. Je sais qu'Il m'aime. Même si tous les autres m'abandonnent. Et j'en ai besoin !

– Tu pries ? Tu pries à l'hôpital ? Mais comment tu dois faire pour prier ?

– Je crois qu'ils sont tous interloqués. Je suis heureuse d'être écoutée. Je le suis encore plus de témoigner. J'explique.

– Mais t'es quoi ? demande Manu. Enfin je veux dire, c'est quoi ta religion ? Chrétienne ?

– Oui, je suis catholique.

– J'ai fait du catéchisme, au primaire. Mais j'ai arrêté…, dit Zoé.

– Moi aussi, enchérit Fabien, avec ma grand-mère. »

Au bout d'un moment, certains ont leur dose de caté ! Zoé décide qu'on en reparlera plus tard. Je lui parlerai de Dieu. Elle me surnommera « la voix de la sagesse ». Par la suite, mon surnom sera adopté par tous. Comme si, moi, j'avais réponse à tout !

42.

Mme Crapaud m'a fait trop de mal. Je ne peux plus me forcer à manger et je suis retombée dans un épais désespoir. Moi qui avais cru que je sortirais vite malgré tout, et que grâce à ma volonté je guérirais plus rapidement qu'on ne me l'avait dit, je vois tous ces espoirs partir en fumée, et je ne comprends pas pourquoi on veut m'empêcher de croire que j'ai une chance d'être de nouveau heureuse. Je ne comprends décidément rien à cet hôpital.

J'ai aussi l'impression d'être plus surveillée que les autres, je trouve que l'on me fait moins confiance et que l'on m'écoute comme on écoute un bébé qui gazouille. Sans chercher à le comprendre, répondant simplement « oui, oui » pour faire semblant d'écouter et préserver sa tranquillité.

Je suis vraiment dégoûtée. Plus que jamais de la nourriture, de l'hôpital, des autres, mais aussi de la vie et de moi. Comment ai-je été suffisamment bête pour croire à leurs paroles ?

On ne peut pas être heureux, sur la Terre. Il faut être heureux comme ils veulent qu'on le soit. Sans liberté donc. Et ma différence est un dogme sacré.

Je me recroqueville dans ma chambre, ivre de douleurs, trahie par la vie et les autres, et ne me connaissant plus. Je pleure comme jamais.

J'ai beau chercher, je ne comprends pas. Petite, je n'avais pas beaucoup d'amis. J'essayais de faire ce qu'il faut pour être « bien ». Les poupées étaient ringardes, je m'en suis privée. Les Playmobil étaient pour les bébés, je les ai abandonnés à mes frères et sœurs. J'étais devenue championne aux billes, mais ne me suis pas attiré d'amitiés pour autant. J'avais compris que je ne serais pas heureuse en me conformant aux désirs des autres, et je m'en suis désolidarisée. J'ai traversé le collège en étant mal dans ma peau. J'y ai vécu de vraies amitiés, mais j'avais une telle soif d'absolu qu'elles se sont dissoutes dans la douleur de la désillusion ou ont disparu dans la nature. J'y ai quand même été heureuse. Puis j'ai voulu, puisque j'étais seule, trouver ma joie dans le don de moi-même pour une cause exemplaire : mon idéal. Je m'en suis rendue malade. Les repères des autres ne me conviennent pas, ceux que je me pose me font souffrir.

Et maintenant que je change enfin mon optique et décide de vivre et manger, Mme Crapaud me rabaisse à tous mes échecs. Pourquoi ? Pourquoi ? Pourquoi ?

Je ne cesse de conclure que je n'ai rien à faire sur la Terre.

43.

Toujours jeudi. Depuis hier, j'ai perdu tous les grammes que j'avais gagnés. Deux jours plus tard, je pèserai 38 kilos. Mme Crapaud m'a rejetée, au seul moment où je m'ouvrais aux autres, où j'attendais son aide. Elle m'a repoussée. Alors c'est le désespoir qui prend le relais, je me laisse dépérir.

Je sens le regard des autres s'appesantir sur moi. Il ne me fait plus rien. Je suis devenue insensible. Une cape floue m'enveloppe, imperméable aux sentiments extérieurs. Je suis recluse dans ma douleur, j'ai fermé la porte, ne laissant plus entrer les autres, ne les écoutant plus de peur de souffrir un peu plus, et je me laisse voguer, désespérément seule dans cet océan trouble qu'est le service. Retour à la case départ.

Quand je repense aujourd'hui à l'hôpital, ce sont ces moments que je revois et qui me mettent mal à l'aise, parce que je ne comprends toujours pas. J'entends Skyrock, des cris, des pleurs. Je revis le silence, pesant, le froid. Je sens ces odeurs de serpillière propre, la lavande entêtante, les plats brûlants ou glacés, le gel douche à l'aloès. Je vois ces murs déchirés et blancs, verts, beiges, incolores. Ces visages perdus aux souffrances à vif, ces infirmières inquiètes ou autoritaires. Et puis moi, zombie insensible au milieu de ce monde au ralenti, moi qui ne m'aimais pas. Et je ressens invariablement le même malaise, la même oppression, comme si l'on m'appuyait sur la cage thoracique pour m'empêcher de respirer.

44.

C'est vendredi. J'ai bien voulu me prêter encore à la mascarade des travaux manuels. Les infirmières cette fois essayent de me montrer que j'ai tort.

Mme Crapaud me convoque dans son bureau pour me dire simplement que je risque les perfusions et que je resterai tant que je ne mangerai pas. Je vomis son bureau si coquet et sa mièvrerie giflante. Je n'attends que cela : qu'on ose me perfuser.

45.

Je ne mange toujours pas. Je me laisse mourir. J'ai l'impression de me rapprocher de la liberté. Et je me dis que je n'aurai pas été heureuse. Et je pleure.

L'antidépresseur est quelque chose de bizarre. Je ne peux pas dire que j'y étais accro. Je l'ai toujours rejeté, niant son pouvoir. Son seul effet sur moi était de m'empêcher de réfléchir. Mes pensées étaient très floues. Comme si on avait superposé à mon filtre gris du monde un voile orangé ou vieux rose. Il n'était qu'illusion, et moi, je n'y voyais plus rien. En tout cas, il ne me redonnait pas l'appétit. Pas plus que le goût de vivre. Il me dépossédait un peu plus de moi.

46.

J'ai besoin de quelqu'un d'autre. Quelqu'un de neutre et qui me croie. Je pense à ma marraine. Maman me donne son numéro et je l'appelle.

J'attendrai son appel tous les soirs, comme la pause après une journée d'effort. Elle sera franche devant moi, me demandera de guérir, me dira qu'elle se fait du souci, là où les autres s'enquièrent de mon état par devoir, par courtoisie, ou ne s'occupent pas de moi, de peur de me faire mal. C'est leur regard chagriné et mal à l'aise qui me tue parce qu'ils n'osent pas me comprendre, peut-être par peur de souffrir. J'ai besoin de transparence.

Je ne sais pas si ma marraine m'a aidée à manger ou à me battre contre moi, mais savoir qu'elle m'aimait, me comprenait et ne cherchait pas à me donner tort me rassurait. Elle était là. Tout simplement, et c'était ce que je voulais : savoir que j'existais encore pour quelqu'un.

47.

Le va-et-vient des arrivées et des départs continue. Un garçon d'origine russe à l'accent prononcé embarque sur notre radeau à la dérive. Ce qui est bien à l'hôpital, c'est qu'on n'a pas besoin d'expliquer les règles du jeu. Il suffit de pousser la porte pour comprendre. Ou plutôt subir sans comprendre. Ce n'est pas l'arrivant qui pose les questions, mais les autres qui l'interrogent. En somme, il vient remettre à jour les sujets de discussion.

On respecte pourtant son silence, écho de nos pensées. C'est le vide qui nous lie. Pourtant, ce garçon ne semble pas malheureux. Très vite, il perd son air timide et rit avec Léon. Il lui arrive même de traiter les gens de « pétassou ». Il est parti trois jours plus tard. On n'a jamais su la raison de son passage.

Samedi. Les activités se succèdent avec les jours. Aux travaux manuels, nous préparons la décoration pour le repas de

Noël du 19 décembre. Je fabrique des anges, des santons, je peins, je modèle, je découpe, tout en sachant que je n'assisterai pas à ce repas à cause des séjours dont la durée est limitée. Les infirmières s'extasient devant les prouesses de mes dix doigts, ce qui ne me fait ni chaud ni froid.

Ça y est, je pèse 38 kilos. En tout, j'ai perdu 15 kilos depuis cet été. Mme Crapaud met l'affaire sur le compte du dosage de l'antidépresseur. Elle augmente la dose. Je me laisse manipuler, ayant conclu que j'étais mineure par rapport à l'ordre du monde, refusant simplement de faire durer cet état en me privant de nourriture.

Maman continue à me rendre visite. Je continue à être absente avant, pendant et après son passage. Elle me parle et je lui réponds, comme si couvrir le silence était un jeu. Ces visites m'occupent. Pourtant, elles m'apportent si peu que je ne saurais dire de quoi nous avons parlé, ni même si Papa est venu. Je me souviens qu'une fois Maman m'a apporté un parfum de la part d'une de ses amies qui était avec nous lors du pèlerinage en Bosnie-Herzégovine. Cela m'a beaucoup touchée parce que les cadeaux représentent un don de soi, de quelque chose qui nous appartient, et que je ne comprends pas comment je peux être digne d'un tel sacrifice, quelque insignifiant qu'il puisse être. Je reste très attachée à la valeur d'un cadeau. Pour moi, même une carte postale est un beau cadeau, parce qu'une marque d'attention. C'est pour cela aussi que les vêtements que Maman m'avait pris, m'avait achetés, m'avaient fait plaisir : elle avait fait cela pour moi. C'était tellement incongru de mon point de vue !

Depuis que j'ai le droit aux coups de téléphone, j'ai reçu des appels de certains professeurs. Chaque fois, je leur dis comment ça se passe, je réponds « oui, oui » à leurs « ça va mieux ? » inquiets. Ça me touche de les entendre. On ne m'a pas totalement oubliée, dehors. Mais aucun ami (je n'en avais pas) ni camarade de classe ne m'a téléphoné.

48.

Depuis l'affaire Crapaud, je passe encore davantage de temps à méditer. Je suis trop fatiguée pour faire autant de sport qu'avant – c'est d'ailleurs trop risqué, maintenant que je suis en chambre double avec Fleur –, et je ne parviens ni à dormir ni à rester avec les autres. Quitte à avoir des réflexions inutiles, autant les garder pour moi, puisque nous pensons tous la même chose.

Dimanche. Cette fois-ci, ils nous emmènent au bowling. Même moi ! C'est la première fois que j'y vais. On se retrouve dans une grande salle. Il n'y a pas trop de monde. C'est bien. Chacun à son tour, on essaye de renverser les quilles. Fleur est la plus douée. Je prends les boules les plus légères, comme on me l'a conseillé, et elles me paraissent déjà très lourdes. Je ne m'en sors pas trop mal. Au moment de remonter dans les voitures, on voit arriver un jeune homme en scooter : Fleur a réussi à prévenir son copain de la sortie au bowling. Je suis très heureuse pour elle, et contente qu'elle ait pu jouer un tour à cet hôpital de malheur.

Mon deuxième week-end passe. Vont-ils mettre leurs menaces de perfusion à exécution ? Ce week-end interminable me rappelle encore, comme s'il était besoin, ma condition d'hospitalisée. Il faut que je sorte, il faut que ça change. J'en ai assez de ces regards qui me trouvent irresponsable. Je dois me plier à leurs règles, à cette dictature de la nourriture, pour gagner mon départ.

En fin de compte, voyant qu'ils ne me perfuseront pas, cédant à la pression, je finis par me forcer à manger. Cette nourriture dont je ne veux pas me traverse. En fait, je me force à avaler, mais je n'accepte toujours pas la nourriture : je porte les aliments à ma bouche, je les avale, mais au fond de moi, je les rejette. Je ne fais aucun effort pour changer cet état…

Je ne prendrai pas un gramme avant quelques jours.

49.

Lundi. Je revois la psychologue. Même scénario que l'autre fois. Tentative de comprendre ma vie, ma famille, ma manière de penser. Elle me félicite quand je lui apprends que j'avais abandonné l'école en venant à l'hôpital. Elle pense que c'est pour mieux me consacrer à ma guérison. C'est par volonté de non-retour. J'ai tout lâché bien avant l'hôpital.

Je rencontre aussi la psychomotricienne. Elle m'explique qu'elle soigne grâce au corps. En me sentant bien dans mon corps, j'irai mieux dans ma tête. Je suis prête à le croire, d'autant plus que mon esprit est complètement dissocié de ce corps qu'il exècre. Elle me parle de modelage, dessin, cerceau, ballon, gym. Nous passons le premier entretien à « faire connaissance ». J'ai hâte d'être au deuxième rendez-vous. Ce ne sera que la veille de ma sortie de l'hôpital, inutilement.

50.

Mardi. Ils ont donc bel et bien réussi à me forcer à manger : j'ai cédé, et pourtant, je n'ai toujours pas repris de poids et je ne vais toujours pas à la sortie du mardi.

Je vais voir Mme Crapaud pour lui dire que désormais je mange et lui faire comprendre que je dois sortir. Je me doute bien qu'elle ne m'écoutera pas, puisque je ne grossis pas, mais je veux voir si son attitude sera la même que précédemment. Elle me renvoie tout naturellement dans les cordes, comme la dernière fois. C'est tout à fait ce que je prévoyais et qui confirme mon sentiment : je ne peux compter que sur moi-même.

Je supporte de moins en moins l'hôpital. Je décide d'aller mieux pour obtenir la permission de sortie du week-end. Pour cela, j'ai encore quelques jours. Je dois sortir de cet endroit. J'ai l'impression de n'être venue ici que pour être examinée. Comme une mauvaise bactérie que l'on met en culture et dont le couvercle de la boîte qui la contient n'est soulevé que rarement, de peur d'y introduire des éléments étrangers. De l'aide par exemple. Mme Crapaud m'a fait venir simplement pour doser mon Deroxat, ou plutôt son sale Deroxat, histoire d'avoir accompli son devoir de bon médecin psychiatre.

Moi qui voulais être heureuse. Être moi n'était donc pas possible ici. J'ai un goût amer dans la bouche. Le goût de la trahison. Je n'ai plus confiance en elle.

Il FAUT que je sorte. C'est une nécessité, simplement parce que je ne peux plus supporter cet endroit. Je décide encore une fois de tenter de prendre du poids, quitte à le perdre en sortant. Je repense sans cesse aux paroles du père Philippe : « Tu n'es ni plus ni moins que ce que Dieu a créé, quoi que tu fasses, que tu sois grosse ou maigre, tu seras toujours toi ! »

J'espère que le bonheur m'attend à la sortie.

51.

Je vais un peu plus vers les autres. Je n'arrive plus du tout à réfléchir. Ce monde m'échappe vraiment.

Claire et Léon sont amoureux. Fleur a fugué et a été raccompagnée par la police. Tous les jours, elle téléphone à son copain qui vient la voir secrètement dans la cour. Elle lui fait des signes du bras à travers les barreaux. Je suis dans le secret et fais semblant de parler avec elle quand une infirmière entre : les visites d'étrangers et les portables sont interdits.

Le Russe est vite parti, remplacé par un garçon diabétique appelé Damien qui passe ses journées à dormir et ses nuits à jouer à la console. Il n'a pas non plus l'air trop mal en point. Maintenant qu'il est à l'hôpital, il passe seulement ses journées dans sa chambre.

De mon côté, j'essaye de persévérer dans mes efforts. C'est très dur. Je réussis à prendre 200 g et, le vendredi, je peux accompagner avec quatre autres ados l'infirmière qui va chez

Carrefour choisir un gâteau pour les 60 ans de la femme de ménage du service, une gentille petite dame. C'est une petite victoire. Mais on continue à me surveiller comme le lait sur le feu.

C'est aussi cette semaine-là que je tente de reprendre contact avec la civilisation. J'écris à ma classe. Pour voir si elle me répondra. Je téléphone à une fille qui fut mon amie au primaire. J'écris aussi à des amis. Cela m'occupe et me donne l'impression d'aller mieux.

52.

J'ai obtenu la permission du week-end ! Maman vient me chercher à 10 heures. Je suis en train de modeler. Les infirmières lui montrent mes « œuvres ». J'ai hâte de partir.

Ce week-end est terrifiant. Je sors du froid, du vide et du silence pour être soudain propulsée dans une maison surchauffée à laquelle j'ai l'impression de n'avoir jamais appartenu. Mes frères et sœurs se précipitent sur moi comme si j'étais le Messie, veulent me faire raconter. Je suis prise au dépourvu. Incapable de parler. Je ne suis pas même heureuse de les voir. Voici qu'ils me troublent comme une masse grouillante. Je suis très mal à l'aise, dépaysée. Ils se sont précipités sur moi pour me demander des nouvelles, prêts à m'écouter et à me faire plaisir. L'impact de leur présence et de leur volonté me fait vaciller. Je les écarte en éludant leurs questions et monte dans ma chambre comme une ombre. Je m'allonge sur mon lit et je pleure.

L'attention des premiers instants fait place au chahut habituel des fins de semaines à la maison. Tout le monde se chamaille et se provoque. Des cris, des courses, des bruits de portes et d'objets. J'ai le tournis.

Je mange un peu et trouve que c'est déjà beaucoup.

Ce samedi, nous allons aussi, Maman et moi, acheter des produits de maquillage. J'ai lui ai raconté mon expérience avec les infirmières, et lui ai dit qu'elles jugeaient bon de me voir maquillée. En fait, je me dis que ce maquillage sera peut-être un outil pour persuader ceux de l'hôpital que je vais mieux…

Nous allons à la messe le dimanche, et jusqu'au soir je compte les minutes. Je ne peux vivre là.

Maxime et Marion prennent le train à 15 h 30. L'atmosphère se détend un peu, mais bien vite les trois petits reprennent leurs activités et brisent le relatif silence qui a fait suite au départ.

Maman me conseille de prendre un bain « pour me relaxer ». J'obéis. Je m'allonge dans la baignoire… et je ressors au bout de cinq minutes. Ça fait trop mal, même avec l'eau qui me porte, d'être appuyée sur les os du bassin, des épaules et des talons. Le fond de la baignoire n'est pas amortissant, pas comme le matelas sur lequel je passe mes journées…

Je monte dans la voiture avec soulagement, sachant ce que je gagne, soulagée surtout de ce que je laisse.

Je passe une nuit reposante, presque heureuse de retrouver l'hôpital.

53.

Je me maquille. En plus, je m'y prends comme un manche. J'imagine que ce doit être plutôt comique de me voir m'en mettre partout ! Et puis tenter de se rendre jolie – surtout quand il y a du boulot – devant un miroir qui vous fait douter de votre identité, ce n'est pas gagné ! Sans compter que nous avons acheté des produits bon marché qui s'étalent difficilement...

Quand je sors de la salle de bains, grimée, les infirmières me félicitent. Ça me donne doublement l'impression de ne plus être moi-même : je donne l'image que les autres attendent de moi. Au bout de trois jours, j'arrête cette gentille mascarade qui me casse les pieds.

Je gagne du terrain.

54.

Cette semaine-là, je peux aller en sortie. Le mardi, je regarde les autres jouer au foot avec Claire qui fume.

Fleur a préféré rester à l'hôpital. Elle a envie d'être seule et de cuisiner. Au retour, nous découvrons ainsi une montagne de crêpes dans le réfectoire. Je ne mange pas, mais les autres se jettent dessus et les dévorent. Fleur, qui a préféré ne pas en manger à l'heure du goûter, revient plus tard, mais les autres ne lui en ont même pas laissé une. Elle nous en veut, mais contient sa déception et ses reproches sans exploser. On lit pourtant tout dans son regard.

Je ne sais pas pourquoi, mais ce moment m'a marquée. Je me souviens même qu'il y avait de la confiture de cerises, du sucre et de la crème de marrons. Peut-être est-ce parce que c'était un moment où nous vivions « normalement » : ensemble, nous prenions du plaisir et nous nous chamaillions en mangeant autre chose que les barquettes en plastique de l'hôpital.

55.

Léo part. Anastacia arrive. C'est une fille malade. Très maigre. Elle est « euphorique », ne se rend pas compte de la portée de ses actes. Il paraît qu'elle prend ses rêves pour des réalités, se voit comme une reine à qui tous doivent obéir. Il paraît qu'elle pourrait se jeter par la fenêtre en croyant qu'elle va voler. Je trouve les infirmières très dures avec elle.

Anastacia crie souvent quand les infirmières lui demandent quelque chose. Elle s'énerve et donne des coups. Plusieurs fois, on l'enferme dans la chambre du fond, où je ne suis jamais entrée. C'est là qu'on garde les gens pour les calmer. Elle y tape contre la porte, réclamant n'importe quoi. Au bout d'un moment, les infirmières aidées de Karim, la mettent sur le lit et l'attachent, puis lui font une piqûre de calmants. Un silence impénétrable s'installe et nous nous regardons sans comprendre, outrés, apeurés et perdus avant de regagner nos chambres, n'osant plus parler dans le couloir pour ne pas troubler ce silence, et pour ne pas être entendus des infirmières.

Un jour, Fleur aussi s'est révoltée. On lui a fait la piqûre. Une seule. Anastacia ne sort que rarement. J'ai dû la voir trois fois. Elle est bizarre, mais je n'aurais pas cru qu'elle était folle si on ne me l'avait pas dit.

Nous parlons entre nous de tout cela. Nous évoquons nos perspectives après l'hôpital. Émancipation, mauvais travail, autre hôpital, pour séjour long cette fois. Nos espoirs. Connaître son père, être apprécié par sa mère, voir son frère guérir, avoir son bac ! Je me sens loin d'eux. Dans mon cas, tout est tellement plus simple, et pourtant si compliqué. Rien de l'extérieur ne peut m'aider, puisque je suis la seule en cause. Moi et mon idéal.

J'ai une trop haute idée de la vie. Il faudrait changer le monde pour me rendre heureuse. Je n'ai pas de vrais problèmes. L'école, la danse, le dessin, le chant, j'ai tout réussi avec éclat. Je suis très émue que mes compagnons de dérive ne m'en veuillent pas, ne me méprisent pas. Je suis leur égale puisque je souffre moi aussi. Là où je suis perdue, ils m'accueillent dans leur cercle, ils m'acceptent, malgré nos différences. Je leur en suis reconnaissante.

Ils essayent de s'aider mutuellement, de se comprendre, de trouver des solutions. Je suis avec eux. Je les soutiens comme je peux et ils font de même pour moi.

Souvent, ils s'emportent contre leurs parents. Telle mère en veut à UneTelle des vergetures qu'elle lui a laissée pendant sa grossesse. Elle l'a voulue, merde ! Il faut qu'elle l'assume. Elle se conduit comme une gamine ! C'est elle l'adulte, non ? Et elle éclate en sanglots. On se prend dans les bras les uns les autres. On se laisse faire et c'est comme un baume.

J'essaye d'apaiser les esprits. Ce n'est pas pour rien qu'on m'a appelée « la voix de la sagesse ! »

Dommage que cette voix ne marche pas pour moi.

56.

Doucement, je me calme, je me pose. Je ne suis plus aussi irritable. Non que je me trouve bien à l'hôpital. On n'est jamais bien quand on n'est pas à sa place. Mais j'ai pris conscience, au contact des autres, que je ne suis pas seule, et, mieux, que je peux m'en sortir. Tout dépend de moi. Il faut que j'accepte les choses telles qu'elles sont, sans vouloir les changer, et sans vouloir me changer. Cela suppose que je m'aime, et c'est le plus difficile. Maman ne cesse de me répéter : je t'aime. C'est justement pour cela que je ne la crois pas.

Zoé m'a une fois demandé de lui dire « Dieu t'aime ». C'est facile : c'est l'une des seules choses dont je ne doute pas. J'ai posé mes mains sur ses épaules, j'ai plongé mes yeux dans les siens, et je lui ai dit : « Dieu t'aime. » Elle était contente. Elle me dit qu'avec moi, on y croit.

J'aimerais qu'on me dise aussi : « Je t'aime, la vie est belle. » Mais je ne peux pas le demander.

57.

Mercredi. Nina est arrivée. Dès le premier soir, elle s'est taillé les veines. Comme je la comprends !

Comme moi, elle n'avait pas de vraie raison d'être dépressive. Faut-il une raison pour être malheureux ? C'est plutôt par défaut qu'on l'est. Par manque de raisons d'être heureux.

Nina chante. Jamais « en public », mais pour elle, dans sa chambre, ou pour nous quand nous sommes ensemble, dans la chambre de l'une ou de l'autre. Jamais devant les infirmières. Elle admire Lara Fabian et l'interprète avec une voix magnifique.

Je reste parfois avec elle pour le simple plaisir de l'entendre chanter. Elle parle aussi. Elle voudrait tenter une carrière musicale, faire sa vie de son chant. Elle semble avoir déjà réfléchi à tout : Nina, pour une chanteuse, ça n'irait pas : il y a déjà Nena en Allemagne.

C'est une fille de mon âge, très brune et d'origine espagnole. Elle a des cheveux tortueux et un regard profond qui aurait dû être intense. À ce moment-là, il est comme dilué par le flot de larmes qui se bousculent dans son cœur et rendent ses yeux humides.

Quelque chose m'attire vers elle. Elle a l'air malheureux et désorienté, mais elle n'est pas éteinte. Elle peut guérir. Peut-être est-ce pour cette possibilité que je suis attirée par elle. Je veux la voir guérir. Je veux me prouver que guérir est possible… Je veux l'aider, être un peu comme une grande sœur avec elle en lui expliquant les règles. Mais je sais aussi qu'elle n'a pas besoin de moi pour les comprendre. Tout est trop simple. Trop dur.

D'ailleurs, je crois qu'elle s'entend mieux avec Fleur et Claire qu'avec moi. Je me contente de me satelliser à leur groupe. La seule différence, c'est que je me sens plus proche d'elles, maintenant qu'il y a Nina.

J'ai toujours aimé chanter. Mais j'ai arrêté très vite, pour ne pas déranger les autres qui ne voulaient pas de bruit supplémentaire à la maison. À l'école, je n'avais pas la possibilité de chanter, n'appartenant pas à une chorale. À cela s'ajoute le fait qu'on m'avait surnommée « Castafiore », à cause de ma voix « trop aiguë ». J'en ai déduit que je chantais mal et faux et que ma voix était désagréable. Je me suis tue à force de petites brimades.

Mais entendre Nina chanter de manière aussi belle et profonde m'a donné l'espoir de rechanter aussi, si c'est possible… si ça ne dérange pas les autres. Si j'osais.

Un jour, j'ose. Je lui demande comment elle trouve ma voix. Nous allons toutes les deux dans la salle de bains. C'est un lieu stratégique car il ferme à clé. Nous discutons. Nous partageons, là où avec les autres on se contente de lâcher des paroles qui ne trouvent pas de résonance, ou seulement pour ce qui est de la souffrance. La musique, le chant, qu'elle pratique, seule, et qui me plaît, nous rapprochent. Elle chante pour me faire plaisir. Je n'ai jamais entendu de voix plus belle.

Puis c'est mon tour. Je suis très mal à l'aise. Ma voix s'étrangle dans ma gorge et je chante avec une voix de tête, sans souffle, mal à l'aise parce que écoutée. Pourtant, je veux donner le meilleur de moi-même, pour que le don de son écoute ne lui pèse pas trop, et avec l'étincelle d'envie qu'elle aime ma voix. Je chante « San Francisco » de Maxime le Forestier, minablement. Consciente du mauvais choix de la chanson dans le sens où elle ne met pas ma voix en valeur et où elle fait vieux. Honteuse, je me dépêche de finir le premier couplet et d'arrêter là le récital d'une des seules chansons profanes que je connaisse.

J'ai peur d'affronter son regard, qui n'est plus alors celui de la dépressive, mais du professeur qui évalue. Sans ironie, elle me dit que j'ai une jolie voix, mais que je devrais mieux respirer, avec le ventre et qu'il faut que je la travaille. Je ne sais pas si elle est sérieuse, mais elle m'ouvre un petit horizon. De son côté, je crois que se savoir écoutée et admirée, de savoir que quelqu'un s'intéresse à sa passion, lui fait également du bien.

Je rêve de la voir sortir un disque. Je lui écris les paroles d'une chanson. Elle est très touchée, je suis heureuse de lui avoir fait plaisir.

Nous restons beaucoup plus entre nous qu'avant, surtout entre filles. Nous écoutons Nina, nous regardons Fleur faire ses étirements, nous nous prenons dans les bras pour nous réchauffer et nous consoler. Ces moments sont bons. La souffrance peut parfois rapprocher. Il arrive aussi qu'on se livre, et parfois nous arrêtons la réunion pour respecter les confidences de l'une. Comme si les paroles devaient rester suspendues en l'air, en attente d'être méditées ou de retomber lentement sur le sol comme des feuilles mortes, sans qu'il y ait d'agitation ou de mots par-dessus.

58.

Jeudi. Léo part. Il n'est pas guéri, mais il semble aller mieux. Il a des envies, des objectifs. Puis c'est au tour de Claire de quitter l'hôpital. Mais elle, elle ne va pas bien. Je croyais qu'on sortait lorsque « ça allait mieux. » Claire part en pleurant, sans illusion et débordante de désespoir. Je suis bouleversée.

Alors on nous laisse ici sans savoir si on ira bien un jour ? Pour ceux qui ont eu de la chance tant mieux ; pour les autres, on aura essayé ? Non ! Je ne veux pas le croire. Mme Crapaud, après le départ de Claire, nous explique calmement qu'on ne sort pas parce qu'on est guéri mais parce qu'on est « sur la bonne voie ». Quel euphémisme ! Elle aurait dû faire de la politique !

Je me promets de ne pas la laisser m'enterrer. Un mal que l'on a repéré sans le vaincre est beaucoup plus virulent qu'un mal que l'on n'a pas identifié. On a pointé mon problème du doigt. Je ne veux pas me laisser tuer.

59.

Vendredi. Départ de Zoé le matin, de Fabien le soir. Tous les deux pour l'hôpital psychiatrique à long terme. Ce n'était pas la première fois qu'ils séjournaient à l'hôpital C., pour des « séjours courts » d'un mois. Apparemment, les deux semaines réglementaires ont des durées variables que l'on adapte en fonction des cas...

J'ai du mal à lâcher mes idéaux. Pourtant, le fait d'avoir recommencé à manger m'aide à avancer. Une petite bataille peut paraître une grande victoire, surtout quand on se bat contre soi. Si je me réalimente, sans appétit, mais par ma seule volonté, ce n'est parce que je me bats pour obtenir la clémence de Mme Crapaud, ou son autorisation de sortie. C'est pour être plus forte qu'elle, lui montrer que je n'ai pas besoin d'elle et qu'elle n'aurait pas dû me mettre à l'hôpital.

60.

Fin de ma troisième semaine d'hôpital. J'ai fini par prendre du poids, environ 100 g. Vous ne pouvez pas imaginer combien cela m'a coûté. Ces 100 g, il m'a fallu plus de quatre jours pour les gagner. Quatre journées pendant lesquelles j'étais toujours mal à l'aise, constamment partagée, à la fois heureuse chaque fois que j'ingurgitais plus d'une bouchée et torturée de l'intérieur à cette idée. J'avais même trouvé une technique pour lire en me dépensant, allongée sur le lit.

À force de manger, j'ai repris des forces. Petit à petit, j'ai eu un peu moins mal au ventre. Maintenant, j'ai moins de réticence à l'idée de passer à table. Même si j'ai toujours du mal à manger, le repas a repris pour moi un caractère presque convivial, malgré le théâtre dans lequel il se déroule.

Je mange donc un peu plus, et plus régulièrement. L'énergie que cela m'apporte m'aide à me forcer encore. Je sens que je vais mieux parce que je ne suis plus sans cesse en alerte. Je ne me demande plus si je suis bien en hypoglycémie, je n'anticipe plus l'attitude ferme et sévère que je dois adopter devant mon prochain repas. Je ne me persuade plus de l'aspect répugnant de la nourriture que j'ai sous les yeux – même si à l'hôpital c'est le cas – dans le but de ne pas la manger. Car en fait, au départ, si j'étais dégoûtée par la nourriture, c'est parce que j'avais réussi à m'en dégoûter moi-même.

En recommençant à m'alimenter, je repense à toute cette mécanique, à toutes ces émotions que m'inspire la nourriture. Je me dis qu'on ne devrait jamais employer la force. Oh ! bien sûr, chaque cas est différent. Mais la force referme les gens sur eux-mêmes, parfois définitivement, parce qu'ils ont peur de souffrir encore plus par la violence que vous leur imposeriez.

61.

Au fil de mon amélioration s'accroche celui de mes réflexions. Je suis trop intransigeante : j'ai besoin de me donner à fond dans tout ce que je fais. Cela a été le cas pour cet idéal de pureté. Mais il a mené à ma perte. J'ai rejeté le monde et ses incohérences. L'hôpital m'a livrée à moi-même. Il aurait pu précipiter ma destruction par un rejet plus grand encore du monde. Mais je suis une « battante ». « Heureuse au combat ». Je ne me laisse pas anéantir, surtout pas sans savoir pourquoi. Je me suis révoltée, j'ai rejeté le contrôle que l'on m'imposait, cet enterrement en hôpital psychiatrique. J'ai voulu sortir. Me battre, bien que sans forces.

Me battre. Je n'emploie pas ce terme à la légère. C'est un mot qui possède de multiples sens. Pour moi, il représente la tension de chaque partie de ma personne, physique et intellectuelle, lorsqu'il faut résister à la tentation de tout abandonner. Lorsqu'on n'a pas d'objectif, c'est très difficile, voire impossible.

À l'hôpital, mon but a été la lutte contre l'emprisonnement : à la pureté, j'ai ajouté l'idéal de la liberté. La confrontation à une situation pire que la précédente, et surtout que je n'avais pas choisie, a réveillé en moi une sorte « d'instinct de libération », comme il existe un instinct de survie.

Je me suis battue contre le Dr Crapaud pour lui prouver ma santé. Comme les autres, elle ne m'a pas crue. Elle m'a enfoncée, piétinée. Je me suis rebellée contre elle, contre sa décision de me garder à l'hôpital, encore et encore. J'aurais pu refuser de jouer le jeu et partir. J'aurais avoué un échec et une faiblesse. Mais je tiens à mon honneur : je n'aurais pas rendu les armes. Je me suis fait violence pour garder la nourriture avalée, pour m'accepter telle que je suis. J'ai fini par m'accepter, par volonté, de la même façon que je m'étais persuadée de ma nullité.

Il est vrai aussi qu'au fond de moi, ce qui m'a aidée, c'est d'attendre que quelqu'un vienne démentir tous les préjugés que mes idéaux m'avaient imposés. Je n'avais pas décidé de mourir. J'avais décidé d'attendre la mort. C'est très différent. Et heureusement, quelqu'un a fini par m'écouter, au moment où j'allais laisser tomber, preuve qu'il n'est jamais trop tard. Quelqu'un d'extérieur, avec un regard plutôt objectif, le père Philippe. Et ses paroles m'ont guidée.

Je vise la lumière tout au bout du tunnel. Je ne regarde plus ni à gauche ni à droite : je dois sortir coûte que coûte. Pour parvenir à manger, je me dis que renoncer à la nourriture me prive de mes forces et m'empêche d'aider et de faire le bien.

Je veux aussi que Nina s'en sorte. Je trouve tout cela si absurde. Je ne lui souhaite pas de rester là.

Mon séjour ici a suffisamment duré. Je reconnais que je vais mieux, et même assez bien, par rapport au moment où je suis entrée. Même si je ne le dois pas à l'hôpital lui-même. En tout cas pas aux soignants.

62.

On n'est dépressif que par manque. Manque d'amour, manque de réussite, manque d'amis… On a besoin d'être accompagné et rééduqué dans ses plaisirs. On a avant tout besoin d'être guidé comme un petit enfant qui ne veut plus marcher, et à qui l'on donne la main. Patiemment, il faut lui faire découvrir le monde sous un autre jour. S'attarder sur chaque coin de beauté, pour combler tous les trous creusés par les manques, les refus, les dégoûts, afin de faire jaillir le bonheur et la joie. Il faut persévérer, cet état ne vient pas d'un coup. Il se peut qu'il y ait un moment où la souffrance est trop grande : il ne peut plus lutter. C'est alors qu'il a besoin de l'aide des autres.

J'aurais simplement aimé qu'on me dise « la vie est belle et moi je t'aime ».

Personne ne l'a fait.

N'est-ce pas pourtant la parole la plus élémentaire à dire à quelqu'un qui va mal ?

63.

Vendredi soir. Maintenant, j'ai hâte d'être au but. Disons que c'est comme l'aspect pratique qui vient après toutes les réflexions théoriques. Accepterai-je l'esprit du monde ? Je veux tellement être joie avec tous. J'ai soif de vie, soif de faire mes preuves.

64.

Ce nouveau week-end à la maison ne ressemble pas au premier. Je veux rire. J'attends les occasions, prête à exploser de joie. Je voudrais répondre aux questions de mes frères et sœurs mais ils semblent ne plus éprouver le besoin de me les poser. Je crois que mon mutisme de la semaine précédente les a blessés et inquiétés pour moi. Je m'en veux de ne pas avoir été à leur écoute, d'autant plus que c'était à un moment où ils portaient leur attention sur moi. C'est un peu comme si j'avais laissé passer une chance.

Il faut dire que « raconte-moi l'hôpital » est une phrase qui m'agace profondément : il n'y a rien à « raconter ». Tout le malheur des hospitalisés vient de ce qu'ils sont coupés des autres et qu'ils n'ont donc pas d'oxygène à apporter. Leurs conversations sont souvent silencieuses et se résument à l'écoute du monologue qu'on leur sert.

De mon côté, je suis heureuse et rassurée de voir la vie qui règne encore à la maison : les cris, les courses, les rires, tout cela me met à l'aise. C'est comme si le monde m'avait attendue. Rien n'a changé. Tout le monde vit comme avant. Je peux retenter ma chance, comme si je m'ouvrais à une nouvelle vie. Celle-ci, il s'agit de ne pas la gâcher. J'écarquille tout grands mes yeux et mes oreilles à tout ce qui m'entoure, et tous mes sens sont en éveil. Je n'ai jamais été aussi attentive aux décorations de Noël, aux odeurs dans les rues, aux lumières, au regard des gens, à la nourriture qu'on mange.

Je ressens le contraste entre les moments où j'ai nié ma vie et ces instants d'ivresse où tout reprend sens. Même si rien n'a changé chez les autres, et *parce que* rien n'a changé, j'ai tout à redécouvrir. Désormais, je scrute tout ce qui m'entoure, en quête de nouveauté, de beauté et de joie. Je suis en manque de vie. Je ne tiens pas en place et j'ai besoin du dehors, comme s'il me fallait rattraper le retard que j'ai pris sur les sensations et les découvertes que j'aurais dû faire pendant mon séjour à l'hôpital. Je suis épuisante, mais ne manque jamais d'énergie.

J'attends la sortie définitive, je ne pense qu'à ça même. Je suis heureuse de me trouver bien à ma place, bien comme je suis. Je sais qu'il me faudra reprendre du poids parce que je suis trop maigre. J'en ai particulièrement pris conscience en essayant des vêtements et en voyant que la taille 32 m'était encore un peu large. Je ne suis pas non plus pressée de grossir. Je veux que tout se fasse petit à petit, sans brusquerie. La vie est comme des blancs d'œufs battus en neige : je dois l'incorporer à moi doucement, en prenant garde de ne pas la casser. J'ai repris confiance et par là, la force d'attendre. Je sais que j'irai bien.

Je savoure mon week-end.

Je rentre à l'hôpital sereine, je sais que je sortirai vite.

65.

J'entame ma quatrième et dernière semaine. Je me plie au règlement de l'hôpital sans faire d'histoires. Je mange, et même bien. Je suis de bonne humeur. Oui, je suis prête. Je sais que ce n'est plus qu'une question de temps. J'ai vraiment l'impression d'aller bien.

Ce week-end a été une grande respiration pour moi. J'ai profité de la présence des membres de ma famille au lieu de les ignorer ou de me concentrer sur ce qu'ils ont de négatif, égoïstement, en ne songeant qu'au mal qu'ils pourraient me causer. J'ai aussi apprécié la cuisine maternelle. J'ai donc réussi l'examen de sortie. Je suis apte à vivre. Je suis heureuse. Seulement un peu déçue d'avoir dû attendre si longtemps pour y arriver. Un peu déçue de n'être pas déjà dehors. Si seulement on m'avait aidée au lieu de me laisser m'en sortir toute seule.

Je découvre une nouvelle sensation : l'appétit. Dans le cas présent, on pourrait aller jusqu'à parler de faim. Il faut dire qu'avec une quinzaine de kilos en moins, il y a de quoi ressentir l'appel de la nourriture, surtout dans un hôpital mal chauffé. Le fait d'avoir goûté à la vie pendant le week-end m'a donné envie de m'en saouler, et je veux être en forme. Et puis je suis avide de sensations. Le goût est pour moi comme une expérience oubliée. J'avais fini par tellement me persuader du mal que me procurait la nourriture qu'elle perdait pour moi toute saveur : j'avais transformé les odeurs en puanteurs, qui me dégoûtaient tant que j'avais presque envie de vomir malgré mon ventre vide !

J'apprécie donc doublement les repas. Je savoure les aliments et me sens reprendre encore des forces. C'est comme si chaque bouchée était un pas sur le chemin de la sortie. Comme une épée que, chaque fois, j'enfonce dans l'ennemi terrassé. Je finis même les barquettes de l'hôpital, pourtant grandes. J'apprécie la cuisine hospitalière : les aliments sans goût et ramollis, les fruits encore verts, les pâtisseries dures comme des briques, les pâtes au beurre, la viande qui se dissout dans sa sauce invariable, les légumes qui se ressemblent, la soupe transparente... Dans la mesure où je n'ai quasiment rien mangé depuis des mois, cette nourriture ne m'écœure pas, comme si je découvrais ce que manger veut dire.

66.

Je souris, je suis bien, mais je reste seule. D'autres désespérés sont arrivés depuis les départs de notre équipe d'éclopés. Je voudrais pouvoir les aider, pouvoir aider Nina aussi. De temps en temps, je vais les voir. Mais la plupart du temps, je reste dans ma chambre. C'est vraiment important pour moi de refaire connaissance avec moi-même. Malheureusement, cela, les autres ne le comprennent pas toujours, surtout les infirmières. Bien sûr, elles voient que je vais mieux, je le leur ai même dit. Elles ne m'avaient pas fait confiance la première fois. Mais je sais que, là, j'ai gagné la partie.

C'est très difficile de préserver sa solitude. Souvent, les gens viennent vous envahir, précisément au moment où votre tranquillité vous repose. Ils ont généralement de bonnes intentions : « Ma pauvre, tu ne devrais pas rester toute seule. Viens plutôt avec nous, tu t'ennuieras moins ! » Les malheureux n'ont pas compris qu'ils troublaient ma sérénité et ma méditation, qui sont aux antipodes de l'ennui, et que rester toute seule me va très bien. Être seule n'est pas un signe de folie ou de rejet du monde. J'ai simplement besoin de faire le point avec moi-même. Une fois en paix, je pourrai m'ouvrir mieux et davantage à ce et ceux qui m'entourent.

Maintenant, si vous préférez que je reste avec vous 24 heures sur 24, à vous cracher mon venin à la figure parce que j'ai besoin de faire jaillir de moi toute mon essence en un flux désordonné, c'est à vous de voir ! Je suis vraiment trop brouillon, côté intellectuel, pour être totalement sociable. Il vaut donc mieux que je prenne le temps de classer mes idées avant d'ouvrir la bouche. C'est tellement plus reposant de divaguer en toute liberté... Je trouve tellement inutile de parler pour dire des choses inintéressantes ou contradictoires, que j'analyse, pendant mes « pauses-méditation », la portée de mes paroles et de ce que m'ont dit les autres. Vu le flux tumultueux de mes pensées imprévisibles, j'espère, de cette manière, être moins incohérente dans mes conversations. Et il faut faire très attention à ce que l'on dit pour ne pas blesser ses interlocuteurs, surtout quand ils sont si fragiles, comme ici, à l'hôpital...

Quand il ne s'agit pas des autres ados, ce sont les infirmières qui s'inquiètent de votre isolement. Il faut dire aussi que depuis que je me sens sur la voie de la guérison, j'aime échafauder des plans pour ma vie heureuse à la sortie de l'hôpital C. Je suis comme une enfant en gestation : je sais que je vais naître, et je me prépare à tout ce que je vais pouvoir vivre et entreprendre. C'est vraiment en ce moment que j'ai « toute la vie devant moi ». Tout est alors possible...

Je suis même plus qu'une enfant, je suis une adulte à naître. J'ai déjà vécu un peu. J'ai déjà éprouvé beaucoup. Je connais le monde, ce vieux bonhomme que j'ai piétiné à chaque bouchée, vous vous souvenez ? J'ai soif de le retrouver, comme on retrouve un adversaire avec lequel on s'est tellement battu qu'on a fini par fusionner. J'ai hâte de voir comment on va s'entendre maintenant.

Je voudrais aussi reprendre les guides, les scouts. Je passe beaucoup de temps à imaginer de nouveaux jeux, de nouvelles sorties, de nouveaux menus qui permettront de varier l'ordinaire. Je me projette dans le camp d'été. Les guides représentent pour moi des valeurs d'amitié, de quête d'amélioration de soi, de débrouillardise et de respect de la nature. Je me raccroche à cette idée. J'y pense parce qu'elle me donne un objectif, pour persévérer sur le chemin du dehors. J'anticipe, j'échafaude, pendant de longues heures. J'ai hâte de me donner, d'offrir mes qualités et le fruit de mes réflexions aux autres : j'ai hâte de partager.

67.

Je vais sortir. Mais il est toujours aussi important pour moi d'analyser. Pourquoi puis-je sortir de l'hôpital ? Parce que je vais mieux, bien sûr. Alors pourquoi allais-je si mal ? J'ai toujours été « moi », avant, pendant et après ma dépression. Alors pourquoi la dépression ? C'est la question qu'on m'a posée et reposée pendant ces quatre longues semaines sans que je puisse y réfléchir et encore moins y répondre, étant seule et complètement aveuglée par la situation. Maintenant, j'ai pris un peu de recul, mais je suis suffisamment proche de cet épisode pour ressentir encore toutes les émotions qui m'ont submergée et tous les dogmes qui s'étaient imposés à moi. De toute façon, je crois que je ne pourrai jamais oublier leur violence.

Je décide de chercher non pas les facteurs qui ont déclenché ma dépression, mais les raisonnements qui m'ont conduite à me retrancher dans un monde à part. Je me demande pourquoi je n'ai plus voulu vivre. Ça me fait mal :

c'est comme reconnaître que je me suis engagée tout entière dans une mauvaise voie. C'est me dire que j'ai volontairement gaspillé une partie de ma vie. Aujourd'hui, ces moments de souffrance se sont comme cristallisés : ils sont devenus durs, impénétrables, de sorte qu'on aura beau taper dessus, les secouer, ils ne feront plus mal parce que, d'une certaine manière, ils ont perdu toute sensibilité. Cet autre moi a disparu, rien ne peut donc plus le faire souffrir.

Que s'est-il donc passé ? Pour être conforme à mes idées, j'ai voulu me rendre parfaite, c'est-à-dire achevée. Je devais maîtriser tous les domaines que je m'étais fixés comme représentatifs des qualités les plus importantes : la beauté, la pureté, la disponibilité, la générosité, l'endurance, la patience, le dévouement, l'accomplissement maximal des tâches scolaires, quotidiennes et ménagères, le souci des autres.

« La liberté de chacun s'arrête là où commence celle des autres. » Ma liberté n'avait pas de commencement puisque celle des autres commençait à la place de la mienne. Tout n'était tourné que vers les autres. Mon seul but était d'œuvrer pour un monde meilleur. Si je voulais être belle, c'était pour être agréable aux autres, comme un cadeau visuel. Si je voulais être pure, c'était pour ne pas perdre mes idéaux afin de toujours présenter une belle image de l'humanité aux autres, pour les inciter à être meilleurs. Je voulais être disponible, généreuse, endurante, patiente et dévouée pour soulager les autres, je voulais être excellente à l'école pour faire plaisir à mes parents et surtout, que mes résultats scolaires ne leur soient pas une source de soucis supplémentaires. Il fallait aussi que je satisfasse mes professeurs comme si je leur apportais une lumière.

Je m'étais en quelque sorte programmée pour prendre sur moi tous les soucis des autres afin de les soulager et de ne pas peser sur leur quotidien. Je voulais me faire toute petite afin de ne pas les déranger. Et j'y suis parvenue. J'étais devenue tellement mécanique, tellement impersonnelle, tellement inhumaine qu'on ne remarquait plus ma présence. On ne me saluait plus, comme si j'avais cessé d'exister en choisissant cette ascèse. On me heurtait comme on se cogne à un lampadaire éteint. Je me souviens du début, quand je suis arrivée à l'hôpital, les autres me disaient qu'ils avaient peur de me bousculer parce qu'ils craignaient de me faire perdre l'équilibre. Ils s'inquiétaient de ma fragilité physique. Je n'avais pas de consistance, ma présence n'apportait rien : ils ne me voyaient pas, c'est pour cela qu'ils devaient faire attention à moi. J'avais réussi à me faire toute petite. Trop bien, de sorte que j'avais fini par disparaître.

Ce que je n'avais pas voulu voir, c'est que disparaître me ferait souffrir. Bizarrement, j'avais tout prévu : je faisais toujours des plans, je devais anticiper la manière dont je devrais réagir à la prochaine attaque, la prochaine tentation. Je passais ma vie à me résoudre, à me priver : de jeux et même de lectures – pour être plus disponible aux autres –, de nourriture – pour rester belle, selon les exigences d'une mode éphémère –, de chants, toujours pour ne pas déranger les autres…

Je me bourrais le crâne de réflexions d'ordre pratique : savoir ce qu'il me fallait faire pour aider, réfléchir à la manière d'intensifier mes exigences, penser aux choses que je ne devais pas oublier, mes leçons… J'étais en tension et même en alerte permanente : il fallait que je ne défaille sur aucun plan. Je fuyais seulement dans le sommeil.

Le résultat de cette suppression mentale et les conséquences de mon impossible repos fut la dégradation de mon état psychologique. Au lieu de me faire toute petite, je commençais à prendre de la place dans les soucis de mes parents, jusqu'à devenir le principal problème, ce que je ne voulais surtout pas reconnaître : mes idéaux ne pouvaient pas mentir. Cependant, il m'était de plus en plus difficile de nier l'inquiétude que je lisais dans les yeux de mes parents. Et les voir si troublés me culpabilisait. J'augmentais alors davantage la sévérité de mes restrictions. Et je m'enfonçais.

C'est à cela que se résume mon fonctionnement de dépressive. Si peu de choses, pour un risque si grand ! Il m'a fallu attendre d'aller mieux pour le percevoir. Pour me rendre compte que cela ne me rendait pas heureuse. Que c'était dangereux pour moi. Pour reconnaître que cela n'aidait pas les autres. Pire ! Que cela leur apportait une cause de soucis supplémentaires. Et je dus bien reconnaître que ce que l'on n'avait cessé de me dire était vrai : je jugeais mal.

J'ai ce qu'on pourrait appeler de la lucidité sur ce passé tourmenté. Je veux comprendre. Pourtant, je n'éprouve pas de ressentiment. Je n'en veux à personne, pas même à moi. Un prêtre a dit un jour que vis-à-vis de son passé douloureux on avait deux attitudes : la volonté d'oublier ou la rancœur. Pour moi, il existe une troisième voie. Pour ma part, je ne souffre pas d'en parler. Cela fait partie de moi. C'est aussi un des éléments qui a changé à ma guérison : je me suis acceptée comme j'étais. Avec mon passé, donc, et cela dès ce dernier week-end à la maison, même si ce n'était pas encore de l'histoire ancienne. Même si cela ne sera jamais de l'histoire ancienne.

L'acceptation de soi... Un vrai défi... Jusque-là, je subissais toujours l'extérieur, sans rien laisser transpirer de moi. Je ne pouvais donc jamais décompresser. Cela m'empêchait surtout, dans mon rapport si important avec les autres, de leur faire profiter de mes qualités. J'étais donc « égoïste par souffrance ». Il me faut désormais apprendre à m'ouvrir. Plus difficile encore, à me ré-ouvrir. Pour cela, je pense à ce personnage qui n'a pas d'amis. Il vient vers les autres « gratter l'amitié ». Il essaye de se conformer à leurs désirs. C'est un pantin. Il n'a pas de personnalité. Il n'apporte rien aux autres. Ceux-ci ne pensent pas à lui, ils ne s'y intéressent pas. Pour qu'il y ait une amitié, au contraire, il faut que chacun apporte son individualité, son « bol d'air » au groupe. Alors, le personnage, parce qu'il apporte quelque chose de nouveau et de différent, conquiert de l'importance dans l'estime et dans le cœur des autres. C'est en montrant et en offrant mes qualités que j'aurai ma vraie valeur. Autrement, je serai une girouette qui souffre de ne jamais être à l'aise parce qu'elle doit sans cesse se conformer au désir des autres, même s'ils ne lui plaisent pas, pour ne pas être seule. Parce que être seule est mauvais à leurs yeux. Je décide d'être moi : ce sera tellement plus simple ! Je serai tellement plus libre dans mes actes et dans mes pensées : je n'aurai plus à réfléchir à l'apparence que je donne. J'offrirai simplement ce que je suis, et c'est ainsi que je servirai les autres : en leur permettant de profiter de moi.

Autre contradiction : la tyrannie des apparences. Pour être maigre, toujours plus maigre, je me privais. Et même si par habitude, je ne mangeais plus et que cela ne me coûtait plus d'effort physique, sur le plan intellectuel, j'étais perpétuellement en éveil afin de renouveler mon sentiment de répulsion à l'égard de ce qui se mange. Je m'autopratiquais un lavage de cerveau permanent et épuisant. La tyrannie des apparences ne me rendait donc pas vraiment heureuse. Et puis, par définition, je n'étais jamais satisfaite : il fallait que je sois toujours plus maigre. N'aurais-je plus eu que la peau sur les os que j'aurais encore voulu maigrir. Au fond, l'importance que les autres vous accordent est proportionnelle à celle qu'on se donne à soi-même.

68.

Beaucoup de gens m'ont dit, comme une promesse, que l'on sort fortifié de ce genre d'expérience. Je ne sais pas si c'est vrai. Disons qu'on en sort enrichi : on a un regard neuf et ajusté sur le monde. Je pense qu'on devient plus fort si l'on a vraiment terrassé l'ennemi. Alors seulement on se sent assez fort pour aller batailler contre les difficultés quotidiennes.

Prétendre que l'on connaît ses limites, en revanche, voilà une idée avec laquelle je ne suis pas d'accord. Pour cela, il faudrait identifier les véritables causes du problème. Et je ne sais toujours pas quelles sont les causes de ma dépression. Je ne crois pas que ce soit l'essentiel.

69.

Pendant les quelques jours qui me séparent de ma délivrance, je passe beaucoup de temps avec les autres. J'ai réfléchi. Je me suis en quelque sorte « assurée » que j'avais raison de me dire guérie, raison d'avoir voulu guérir.

Il y a eu des arrivées. Je parle avec les nouveaux. Je veux leur transmettre mon espoir. Pour qu'ils ne partent pas, comme Zoé et Fabien, vers d'autres hôpitaux pour « séjour long ». La dépression, le malheur, le mal, me paraissent désormais contre nature. Tout est exacerbé en moi tant j'ai soif de vie.

Je vois mes « œuvres » qui décorent la salle polyvalente, comme les plumes qu'un oiseau laisserait dans la cage qu'il a quittée. Des anges, des santons…

Je parle beaucoup. Je voudrais protéger les nouveaux. Les rassurer. En même temps, je ne suis plus tout à fait là. J'ai déjà quitté l'hôpital. Je suis dans le sas de décompression, dans la salle d'attente. Comme si c'était moi le médecin.

70.

J'attends de sortir.

Mardi soir, j'apprends que, dès le lendemain, je pourrai pousser les portes de la cage, prendre enfin ma volée.

J'attends sans impatience. Je savoure chaque moment de vie : j'en ai tant gaspillé ! Je veux aussi fixer dans ma mémoire cette ambiance, ce vide incomparable.

Maman arrive.

Je dis au revoir à tout le monde, aux infirmières faussement émues, à Mme Crapaud. Je le sais, mais je ne m'en souviens pas.

Je suis déjà dehors. Je ne pense qu'à l'après. L'hôpital est fini. Je suis pleine de force et de joie, malgré les dix kilos qui me manquent encore. Pour le moment, tout va bien. Tout ira mieux. Quand on sort vainqueur d'un combat, on se sent assez de force pour gagner tous les autres.

Je monte dans la voiture. Nous sortons de l'hôpital. J'absorbe tout ce qui m'entoure. Je suis emportée par un tourbillon de couleurs, de sons, de sensations, je ne veux rien laisser passer. Je suis débordante de joie.

Il fait jour. Il faisait nuit quand je suis arrivée.

C'est comme si je m'éveillais d'un mauvais rêve.

ÉPILOGUE

La première chose que j'ai faite, en rentrant à la maison, a été de dévorer une boîte de petits fours chocolatés qui traînait sur la table.

Mme Crapaud avait préconisé, afin de me soustraire un peu à mon « environnement familial traumatisant », de me placer en internat. Les vacances de Noël n'avaient pas encore commencé, quand je suis sortie de l'hôpital ce mercredi-là. Je décidai donc d'aller faire mes adieux à mon ancienne classe de seconde, dans l'école en face de la maison. Je laissai passer le jeudi, afin de reprendre pied dans la réalité et, dès le vendredi matin, j'allai en cours comme si de rien n'était. J'assistai sagement aux cours, même si je ne comprenais rien au charabia des professeurs : j'avais pris plus d'un mois de retard sur le programme… Je dis au revoir à mes camarades, répondis à leurs questions (oui, je me suis fait couper les cheveux…), notai des numéros de portables…, récupérai les cours que j'avais manqués, revis des professeurs. Certains tentèrent de me prescrire des interros pour la rentrée. Je répondis « oui, oui... » avec un sourire compatissant, et me dis que je faisais bien de quitter cet endroit.

Maman prit rendez-vous auprès de la directrice d'une école avec internat et, trois jours plus tard, je faisais partie de son établissement.

J'ai débarqué dans ma nouvelle classe à la rentrée de janvier au beau milieu d'un cours, accompagnée de la directrice. Dans les livres, ce genre d'histoires est fréquent, mais c'est autre chose quand on l'expérimente personnellement. Tous les regards s'attachaient à scruter mes moindres expressions, tandis que je n'osais plus bouger. Pendant ce temps, imperturbable et souriante, la directrice expliquait aux élèves et au professeur que j'allais passer la fin de l'année avec eux. Croyez-moi, c'est beaucoup plus impressionnant qu'on ne l'imagine ! Après avoir été présentée, je me suis retrouvée assise au premier rang, à la seule place qui restait. Très bien accueillie et entourée, j'ai pu rattraper mon retard sans trop de difficultés. J'avais pour m'aider une trentaine de nouveaux amis, et surtout deux anges gardiens qui m'assistaient patiemment : Audrey et Léa.

En fait, je crois qu'arriver en milieu d'année est une assez bonne solution : chacun cherche à faire votre connaissance et, si vous n'êtes pas très en forme, c'est encore mieux parce que tout le monde est aux petits soins pour vous. On n'arrêtait pas de me demander « ça va, Mathilde ? » Ces marques d'attention me touchaient particulièrement. Je répondais joyeusement : « Oui, oui, ça va, merci ! » Cependant, quand on vous pose cette question dix fois dans une seule récréation, ça peut agacer. Une fois, Quentin, un ami plein de douceur, de sollicitude et de bonne volonté, s'est encore inquiété pour moi, alors même que je venais de servir du « oui, oui ça va » à une douzaine de personnes. D'un seul coup, moi d'habitude si calme, j'ai explosé. Tout le monde, choqué, a fini par éclater de rire. Mais le pauvre Quentin n'a plus jamais osé me poser la question fatale !

Pour ce qui est de la nourriture, je dois avouer que j'ai tout de même eu du mal pendant quelque temps : j'ai commencé par alterner périodes « normales » et périodes difficiles. Au début, je ne mangeais pas énormément. J'étais encore un peu dégoûtée et le fait est qu'à la cantine je devais avaler mon repas à toute allure : j'avais cours de latin entre midi et deux, puis j'eus des entretiens avec une psychothérapeute. Je disposais donc d'à peine plus d'un quart d'heure pour déjeuner. Or je devais rééduquer mon petit estomac à la digestion, et la vitesse ne m'aidait pas vraiment. Je souffrais de maux de ventre épouvantables.

Mais j'avais décidé d'être guérie, et au bout de deux mois, je ne me forçais plus du tout à manger ! Petit à petit, mes maux de ventre disparurent et je pus m'alimenter normalement. J'avais de plus en plus faim. Je me resservais deux fois par repas.

À l'été, tout était rentré dans l'ordre.

Je me souviens d'un jour où nous allâmes, avec Maman, quelques-uns de mes frères et sœurs et deux de mes tantes, déguster des glaces. Il s'agissait de desserts comme on en voit dans les films. Des glaces de trente centimètres de haut avec du chocolat, des amandes et de la crème chantilly ! Bref, la glace qui coupe la faim rapidement. Nous en avons tous pris et, au bout d'un moment, Marc et Maguelone ont déclaré forfait. J'avais déjà fini la mienne et, bien que nous sortions du restaurant, j'ai terminé aussi les leurs.

Quant à mon suivi thérapeutique, j'avais chaque semaine rendez-vous avec une psychiatre. Ces entretiens m'aidèrent beaucoup : chaque mardi, je devais faire le point sur mes progrès. Difficile d'arriver sans bagage et de dire que je n'avais pas mangé ou que j'étais restée dans mon coin… Il fallait à tout prix la convaincre de stopper mon Deroxat ! Et c'est vraiment très difficile de cacher son malaise à un psychiatre. Pas de tricherie possible : je devais aller mieux !

Je me forçais donc à rire avec les autres, à aller vers eux… Le plus dur était de me « lâcher ». Je me sentais rouillée, un peu comme si ce n'aurait pas été « bien », et surtout, parce que j'avais peur de me dévoiler complètement. Je cherchais encore à me préserver. Je restais souvent seule : c'est tellement plus facile que de se forcer à s'extérioriser, d'autant que l'internat était fatigant. Il n'y a pas vraiment de remède pour s'ouvrir : il faut oser. C'est-à-dire qu'il faut se laisser aller sans avoir de point d'accroche : c'est cela qu'on appelle « se lâcher ». Et c'est justement ce dont j'avais peur : ne plus avoir d'accroche.

Un an plus tard, en décembre, durant mon année de première, j'allais déjà beaucoup mieux, sur tous les plans. Je fis la rencontre d'une psychologue, Jeanne Siaud-Facchin : « Il y a un beau chantier à débrouiller », me dit-elle. Avec elle, j'étais forcée de reconnaître mes lâchetés, mes manques de confiance en moi, d'amour-propre. Au sortir de l'hôpital, tout se passe merveilleusement bien, mais une fois que l'ivresse est passée, il faut de nouveau faire face au quotidien, à soi-même, se redécouvrir dans la vie de tous les jours. Les petits problèmes reviennent...

Nous avons mis le doigt sur mes faiblesses, cherché des moyens pour les résoudre : ensemble, pas toute seule. Et puis j'étais obligée de voir ce que je me cachais : Jeanne tirait sur les fils qui faisaient mal pour désembrouiller ma pelote. Et avec elle, pareil qu'avec la psychiatre. Je ne pouvais pas mentir...

Mais durant toute cette convalescence, ce qui me troublait le plus, c'était mon antidépresseur. Si j'étais guérie, je ne devais plus en avoir besoin. Je me sentais diminuée parce que la psychiatre continuait à me le prescrire, comme si je ne guérirais jamais... Je refusais ces cachets. Je les prenais tous les soirs en les rejetant mentalement, comme j'avais honni la nourriture. Surtout, j'avais l'impression que je ne devais pas mes progrès à moi-même, mais à ce cachet qui n'était pas moi. C'était insupportable.

Par ailleurs, l'antidépresseur me posait un gros problème : il s'en prenait à ma mémoire. Mes pensées flottaient dans une sorte de brouillard, je ne trouvais pas mes mots, je ne retenais pas les prénoms – ce qui est très ennuyeux quand on arrive en milieu d'année et qu'on doit en retenir rapidement plus d'une centaine –, et encore moins les leçons. Dans ces conditions, difficile de progresser psychologiquement, ou même de rattraper son retard scolaire…

Pendant les vacances de Noël qui ont suivi ma rencontre avec Jeanne, j'ai décidé de boycotter le traitement. Cela faisait un moment que je ne le prenais plus régulièrement… J'ai fini par arrêter. Je m'abstins de le dire à la psychiatre et ne le révélai à mes parents que deux semaines plus tard : ainsi, je pouvais les rassurer, tout se passait bien. Libérée comme lorsqu'on m'avait ôté mon appareil dentaire, je me sentais réellement en forme. J'avais un nouvel élan pour vivre. Comme un nouveau défi. Cela étant, pour tous ceux qui me lisent, il ne faut pas faire comme moi, et arrêter brusquement son traitement : ça peut être « dangereux ».

Aujourd'hui, je vais vraiment mieux. Je suis en terminale, toujours en internat. Je ne pense quasiment plus à cette période : vous pensez souvent à votre 6e, vous ? Pour moi, c'est du même ordre, un morceau de mon histoire. Mais je crois qu'on ne peut dire d'un événement qu'il est de « l'histoire ancienne » qu'à partir du moment où ceux qui en ont été les témoins ne sont plus là pour le raconter. Pour ces témoins, quel que soit l'événement, il aura toujours son importance, et donc son incidence sur le présent.

C'est en ce sens que je n'aime pas dire que j'ai « fait mon deuil » de cette période. Non, je ne l'ai pas enterrée. Je l'ai plutôt placée dans la vitrine de mes souvenirs. Elle fait partie intégrante de mon patrimoine personnel. C'est une manière de refuser qu'elle ne serve à rien. L'enterrer serait la vouer à l'oubli. Je ne peux m'y résoudre. Je n'ai pas envie que d'autres connaissent ces moments d'angoisse et de désespoir, voire de folie. J'ai en quelque sorte un désir de revanche sur cette saleté de dépression.

Mon seul moyen d'expression est l'écriture. D'où ce livre. Pour dire aux dépressifs : on peut vivre ! Aux parents : ce que c'est. Aux autres : tournez-vous vers le monde qui vous entoure, de votre indifférence ou de votre chaleur dépend l'avenir de certains.

Après mon bac, j'aimerais commencer des études de médecine. Et, qui sait, devenir psychiatre.

1. Jeanne Siaud-Facchin est psychologue clinicienne. Après avoir travaillé pendant plusieurs années à l'hôpital de la Pitié-Salpêtrière à Paris puis à la Timone à Marseille, en psychiatrie de l'enfant et de l'adolescent, elle a créé à Marseille le premier centre en France spécialisé dans les troubles des apprentissages scolaires (Centre CogitoZ) avec un département spécialisé pour les enfants et adolescents surdoués. Elles est l'auteur de deux livres : *L'enfant surdoué, l'aider à grandir, l'aider à réussir,* et *Aider l'enfant en difficulté scolaire,* Éditions Odile Jacob. Elle est aujourd'hui reconnue comme une des plus grandes spécialistes sur le sujet des enfants surdoués.

Postface

De Jeanne Siaud-Facchin[1]

Dès les premières lignes, les mots de Mathilde m'ont frappée par leur force et leur justesse. Beaucoup plus qu'un simple témoignage, ce livre transmet avec une sensibilité à vif et une puissance étonnante la face vécue de la dépression. Il est rare d'entrer ainsi dans l'intimité de la pensée et des émotions d'une adolescente. Avec ce livre Mathilde réussit avec talent à « donner vie » à la souffrance : pour que les adolescents puissent s'y reconnaître et donner sens à leur propre détresse, pour que les adultes, et peut-être d'abord les parents, comprennent mieux ce qui se joue dans le théâtre privé de leur enfant dépressif. Le témoignage de Mathilde pourra aider mieux que toute autre explication tous ceux qui se sentent démunis face à la dépression de l'adolescent.

Des adolescents dépressifs, dans mon métier de psy, on en rencontre beaucoup. Beaucoup trop. On considère que cette maladie touche presque 5 % des adolescents. Deux fois plus de filles que de garçons. Encore plus inquiétant, le suicide est la deuxième cause de mortalité des 15-24 ans après les accidents de la route[2]. C'est un problème grave qui nécessite une prise en charge adaptée. Car, Mathilde l'a appris à ses dépens, les psys tâtonnent encore beaucoup autour de la souffrance bien particulière de l'adolescent et de l'accompagnement dont il a besoin. De plus en plus de « Maisons des adolescents » voient le jour en France ce qui me paraît une initiative incontournable et essentielle.

Chez l'adolescent, la dépression est une maladie qui porte bien son nom : c'est véritablement un moment de *creux*. Un moment où il perd pied, où soudain, le sol se dérobe sous ses pas : il se sent aspiré comme dans un gouffre. Il a l'impression d'être dans le noir, de ne plus exister, de ne plus savoir qui il est, pourquoi il est. Il n'a plus envie de rien, et quelquefois il a envie de tout. Envie de tout pour combler ce vide, cette « dépression » dans le cours de sa vie.

La dépression de l'adolescent ne ressemble ni à la celle de l'enfant ni à celle de l'adulte. Je trouve presque dommage qu'on donne le même nom à des pathologies si différentes. À l'âge adulte, la souffrance morale, la culpabilité, l'incapacité à se confronter à la vie sont au premier plan. Avec un immense état de fatigue et une disparition de tous les désirs.

---

2. *Les Jeunes suicidants à l'hôpital,* Marie Choquet, Virginie Granboulan, Éditions EDK, 2004.

Dans l'enfance, la dépression peut prendre de multiples visages : agitation, agressivité, opposition ou à l'inverse repli sur soi et isolement, abattement, troubles du sommeil ou somnolence constante. Et beaucoup de somatisations : mal au ventre, à la tête, problèmes de peau… Peut-être d'ailleurs cette multiplicité de visages nous conduit-elle à sous-estimer la fréquence de cette maladie chez l'enfant.

À l'adolescence, la dépression est un véritable bouleversement, une sorte de séisme qui ébranle tout : les bases et les certitudes forgées au cours de l'enfance. C'était si agréable d'être un enfant, rassurant aussi. Croire que les parents sont les plus forts, qu'ils sont capables de tout arranger, croire que les choses iront mieux, croire qu'on peut compter sur les adultes, croire qu'on peut faire confiance à la vie. Et puis croire en des choses magiques, croire au Père Noël, à la petite souris, aux fées… Même le loup ! Croire au loup, c'est paradoxalement rassurant : au moins, on peut donner un visage à ses peurs. Et puis survient l'adolescence ou plus exactement la puberté.

L'adolescence n'est pas un état. C'est un mouvement, une dynamique, un passage. Etymologiquement, le mot *adolescent* désigne un être qui s'achemine vers l'état d'adulte : *ad,* vers, et *dulscere,* adulte. Je trouve dangereux qu'on ait cristallisé cette dynamique en un état et que finalement, on en ait fait une catégorie marketing. Aujourd'hui, on *est* adolescent. On ne *passe* pas par l'adolescence, on ne *traverse* pas l'adolescence. Et si l'on parle d'un *état,* cela veut dire qu'on peut le décrire, définir des caractéristiques communes quant à la personnalité, à la façon de penser, au comportement.

Et puis, aujourd'hui, l'adolescence impose ses codes, ceux que Mathilde n'a jamais voulu accepter. Une façon de s'habiller, de porter certaines marques, d'écouter telle musique. Un certain modèle dans les comportements : il *faut* avoir des copains, sortir en bande, il *faut* s'engueuler avec ses parents, claquer les portes… Avec une injonction implicite : « Tu es adolescent, tu dois être comme ça. » On finit presque par créer une « pathologie », simplement parce que les adolescents qui ne parviennent pas à s'identifier à ce mode de fonctionnement pensent qu'ils ne sont pas « normaux ». Mais chacun a l'adolescence qui lui ressemble. Elle s'inscrit dans l'histoire de sa vie, dans son passé, son présent et son avenir ; elle s'organise selon sa personnalité. L'adolescence est la conquête d'une indépendance psychique. L'enjeu : devenir autonome face à ses choix de vie et savoir les assumer. Seul. La fragilité de l'adolescent vient de cette nécessité de quitter la dépendance affective de l'enfance pour aller vers un inconnu qui fait peur, un futur où l'adolescent n'est pas sûr d'être à la hauteur. À cela s'ajoute un flou identitaire : l'adolescent ne sait pas bien ce qu'il veut parce qu'il ne sait pas encore qui il est. Il ne sait pas comment se comporter parce qu'à l'adolescence on est un peu caméléon, on fonctionne beaucoup selon ce que les autres attendent de soi, on n'est pas pareil avec tel ami et avec tel autre, on n'est pas « fini ».

Les recherches neurobiologiques viennent même de démontrer que le cerveau n'était, lui non plus, pas encore terminé à l'adolescence. Auparavant, on pensait que la maturation du cerveau s'achevait à la puberté, vers 12 ans, mais on s'aperçoit aujourd'hui que tout se joue, encore et encore, pendant plusieurs années. Les processus de régulation émotionnelle ne sont pas aboutis. Le système (situé au niveau du lobe frontal) qui inhibe et contrôle les comportements n'assure pas encore totalement sa mission : l'adolescent recherche des sensations qui l'excitent émotionnellement et ne peut pas en anticiper précisément les conséquences. Le goût pour le risque se comprend aussi à la lumière des neurosciences !

À l'adolescence tout se joue et se rejoue : il faut faire des choix, prendre des décisions, s'accepter, en tant que fille, en tant que garçon, il faut affronter l'épreuve de la séduction, de la relation à l'autre, de la relation sexuelle. Et de l'amour aussi. Ce qui n'est pas si simple. Aimer, c'est prendre le risque de souffrir. Et à l'adolescence, la grande supplique, centrale, pourrait se résumer ainsi : dis-moi que tu m'aimes !

L'adolescence est une vraie tempête où tous les repères précédents sont perdus et où les nouveaux ne sont pas encore en place. Pour traverser cette tempête et se retrouver sur l'autre rive, non seulement sain et sauf, mais armé et confiant dans l'avenir, une seule clé : une image de soi solide et positive. Alors, même quand ça bouge fort, on retombe sur ses pieds, on sait retrouver la stabilité. La dépression de l'adolescent survient, comme je le disais, lorsqu'il perd pied. Totalement. Qu'il n'arrive plus à trouver des points d'appui. Pour s'arrimer. Pour pouvoir avancer.

Les épisodes anorexiques signent souvent cette difficulté essentielle d'accepter son corps ou plutôt l'image de son corps à l'adolescence. L'anorexie est une expression dépressive nettement plus féminine, peu de garçons sont touchés. Elle procède d'un questionnement autour de son être profond : Où j'en suis avec moi-même ? est-ce que je peux assumer, accepter mon corps désirable ? est-ce que je peux accepter qu'on me regarde, tout simplement ? Et – pire encore – qu'un garçon, presque un homme, puisse avoir envie de moi, puisse avoir envie de relations sexuelles avec moi. L'anorexie est la peur de devenir soi. Et de l'assumer. Une peur immense. Vouloir disparaître, comme Mathilde le crie tout au long de son témoignage. Je ne crois pas que l'anorexie soit une maladie en soi. Pour moi, l'anorexie montre le chemin par lequel il faut passer pour aider l'adolescent en détresse. L'anorexie nous renseigne sur la nature de la souffrance. C'est un indice fort que nous donne l'adolescent. Notre mission est de le comprendre. Vite. Alors on peut aider, efficacement.

Et puis, avec Mathilde, tout était encore un peu plus différent. Un peu plus difficile aussi. En tout cas, si on ne se donne pas la peine de comprendre. Elle le dit pudiquement dans son témoignage : *être précoce, ce n'est pas un cadeau* ! Car Mathilde est une adolescente surdouée. Et être « surdouée », cela ne signifie pas être plus intelligent que les autres et passer son bac à 14 ans pour devenir la fierté de ses parents. Être surdoué, c'est avoir une intelligence, certes riche et complexe, mais surtout *qualitativement* très différente. Un surdoué pense, raisonne, analyse, comprend avec des modalités spécifiques. Ce que confirment toutes les recherches neuropsychologiques actuelles : confronté à un problème à résoudre, il n'active pas les mêmes zones de son cerveau qu'une autre personne ni de la même manière. Sa pensée, en particulier, est construite en arborescence. Ainsi les cognitions (les pensées) se déploient simultanément sur plusieurs axes et à très grande vitesse. Son cerveau est toujours en marche. Une question n'entraîne jamais de réponse, mais une nouvelle question. À l'infini. Ce qui complique encore ce moment de l'adolescence déjà pleine d'interrogations. L'adolescent surdoué n'a jamais de certitudes. Jamais. Il ne peut pas. Son analyse aiguisée qui capte en permanence toutes les informations autour de lui l'entrave considérablement dans ses choix : que choisir et pourquoi ? L'adolescent surdoué envisage trop de choses à la fois et en analyse constamment toutes les composantes et les conséquences. C'est épuisant.

Ce que renforce encore une immense acuité perceptive : le surdoué voit ce que les autres ne voient pas, entend ce que les autres n'entendront jamais, perçoit ce qui demeure, pour la plupart, imperceptible... Les capacités sensorielles du surdoué sont, elles aussi, surdéveloppées.

Mais être surdoué, c'est aussi, et peut-être surtout, posséder une hypersensibilité et une immense réactivité émotionnelle. Un surdoué est avant tout un être affectif, toujours branché sur les composantes émotionnelles du monde qui l'entoure. Qui ressent avec une force parfois insoutenable les émotions des autres. Ce qui vulnérabilise sa construction psychologique. C'est douloureux de trop ressentir et on cherche le plus souvent possible à s'en protéger. En particulier dans sa relation aux autres. Pour un surdoué, c'est souvent difficile de créer des liens. Il se sent décalé, à part, différent. Sans bien comprendre pourquoi. Les adolescents surdoués expliquent bien ce sentiment : même avec des amis, ils perçoivent une certaine distance. Ils n'ont jamais vraiment l'impression d'être « dedans », totalement intégrés. Ils racontent aussi qu'ils vivent les expériences de leur quotidien en trois dimensions : 1) ils observent la scène, 2) qu'ils sont en train de vivre, et, 3) ils l'analysent. La pensée fonctionne, sans répit. Avec une lucidité à la fois intellectuelle et affective vertigineuse.

L'intelligence excessive est un double « mal » : elle fait souffrir et personne ne songe à plaindre celui qui en souffre. Quel paradoxe !

Alors quand un adolescent surdoué craque et que la dépression s'installe, l'objectif vital devient : surtout ne plus penser. Ne plus activer cette infernale machine à penser, source de tant de souffrances, de tant d'émotions douloureuses, de tant de questions sans fin. Il est incontournable d'intégrer toutes ses spécificités pour apporter l'aide dont cet adolescent-là a besoin. Être surdoué n'est pas une pathologie mais donne une coloration singulière à la pathologie dépressive. L'ignorer, c'est prendre le risque de ne pas pouvoir soigner et accompagner.

Toutes ces caractéristiques transparaissent constamment au fil du récit de Mathilde, dans ses mots, et dans sa façon de nous entraîner dans son histoire : cette extrême pensée, cette sensibilité exacerbée. Et l'on se rend compte à quel point elle s'est souvent sentie incomprise. Seule. Perdue. Furieuse de tous ces faux pas. De toutes ses contradictions qui ne pouvaient lui échapper. De tous ces tâtonnements autour des soins qu'il fallait lui apporter. De toutes ces errances diagnostiques. Finalement, la part la plus importante de sa personnalité était restée dans l'ombre.

Pourtant, grâce à une force intérieure formidable, Mathilde s'en est sortie. Être surdoué, c'est aussi avoir en soi la possibilité de ressources infinies. Son livre est un grand message d'espoir. On peut avoir traversé des moments insoutenables, sans plus pouvoir se projeter dans l'avenir, et finalement retrouver une énergie de vie plus forte que le désespoir. Une vraie envie de vivre. Pleinement.

Cette capacité de « revivre » après la souffrance est celle de tous les adolescents. Être surdoué en accentue seulement les traits. Contrairement à une idée reçue, tout n'est pas joué à l'adolescence. L'adolescence est aussi une nouvelle donne :

on redistribue les cartes. On peut avoir eu une enfance difficile et vivre une adolescence sereine, on peut avoir vécu des moments douloureux à l'adolescence et devenir un adulte équilibré. L'adolescence c'est aussi un espoir qui s'ouvre sur l'avenir.

Enfin cette histoire est aussi celle d'une rencontre. Rencontre entre un thérapeute et un patient, entre un psy et une ado, entre Mathilde et moi. J'ai toujours été amusée par cette terminologie qui veut qu'un psy *suive* son patient, comme s'il marchait derrière lui, le laissant se confronter seul au danger du monde, seul face à lui-même. Je préfère l'idée que le psy et le patient partagent des moments, des idées, des pensées, et qu'ensemble, ils essayent de mettre du sens, de défricher, de mettre à plat, de réorganiser ce qui est douloureux, compliqué, confus. Le psy est là pour donner à son patient les moyens de se confronter à la vie et de s'y sentir bien. C'est ce que nous avons vécu avec Mathilde. Le travail thérapeutique se construit à deux, dans une interaction constante, un partenariat dynamique, un engagement mutuel.

Et chaque rencontre avec un patient est un nouveau défi : mettre au jour ses ressources, ne pas s'aventurer sur la seule voie d'une improbable archéologie de la souffrance, mais plutôt tenter de faire émerger la partie saine que chacun garde en soi, même au plus fort de la maladie. Alors on peut s'y appuyer pour rebondir et reconstruire. Ensemble.

Avec l'adolescent, tout travail thérapeutique doit se concevoir comme un partenariat, dans un respect et une confiance réciproques. Il faut croire à l'adolescent pour qu'il accepte de croire en lui. Il faut savoir saisir ses ressources pour les faire émerger, il faut apprendre à le regarder pour qu'il redécouvre son image, il faut s'engager avec lui pour qu'il réengage sa vie. Un travail thérapeutique avec un adolescent est une aventure humaine complexe mais pleine de richesses, de promesses et d'espoirs pour l'avenir. À l'adolescence il est urgent de retrouver une dynamique de vie. Et cet élan vital, cette force de vie, existe chez tous les adolescents. Nous ne devons, nous les adultes, jamais démissionner face à eux.

Table

Cet ouvrage a été édité sous la direction de Catherine Meyer.
La coordination éditoriale a été assurée par Violaine Girard.
La couverture et la grille de mise en page
ont été conçues par Superstudio.
La relecture a été assurée par Marie Sanson.

Impression réalisée sur CAMERON par
BUSSIÈRE
GROUPE CPI
à Saint-Amand-Montrond (Cher)
en avril 2006

Numéro d'impression : 061282/1
Dépôt légal : avril 2006
Imprimé en France
ISBN : 2-35204-001-9